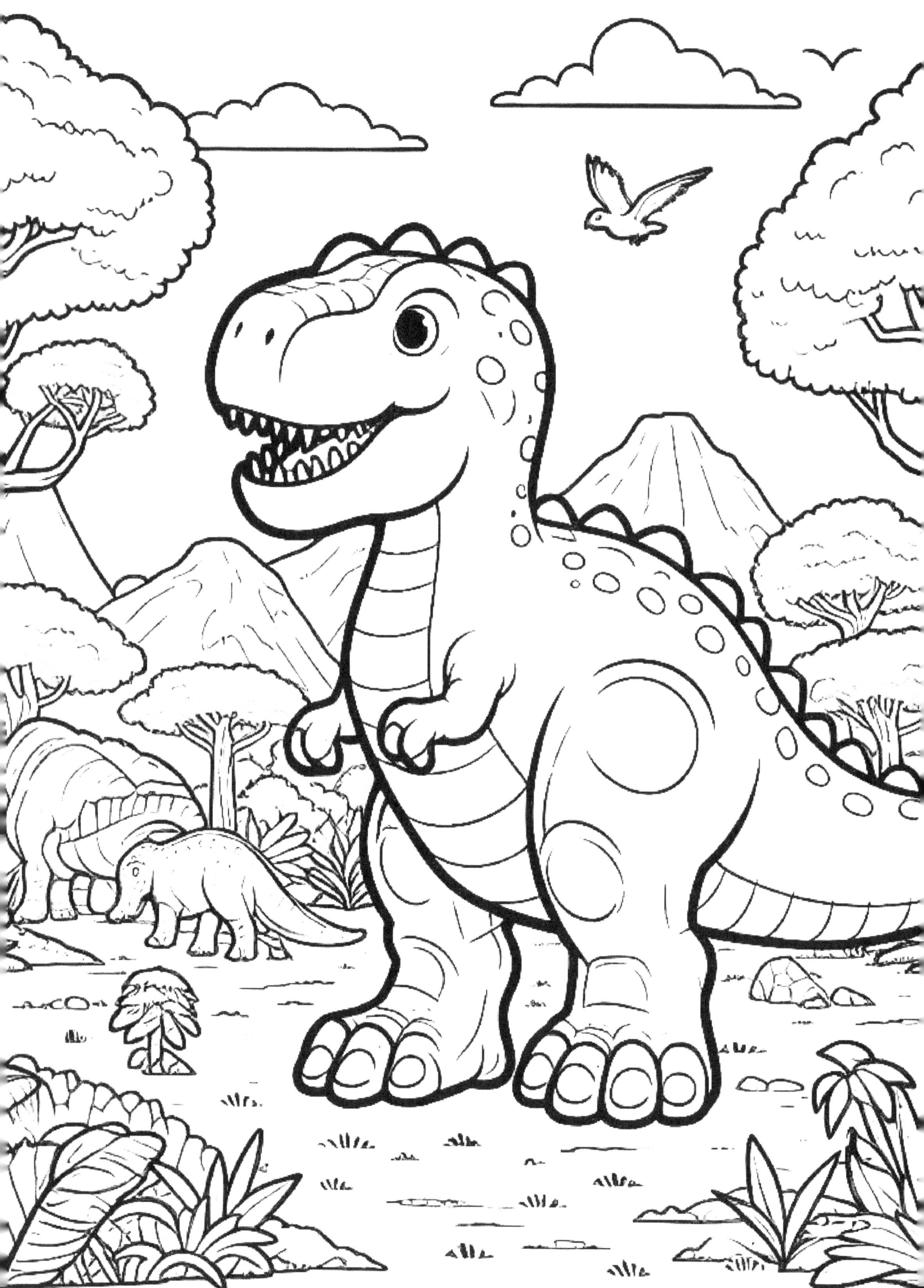

BEM-VINDO A UM MUNDO FASCINANTE E PERDIDO NO TEMPO, ONDE CRIATURAS MAGNÍFICAS DOMINARAM A TERRA. ESTE LIVRO DE COLORIR É UMA JORNADA EMOCIONANTE PARA OS AMANTES DE DINOSSAUROS DE TODAS AS IDADES, PROPORCIONANDO UMA VISÃO ÚNICA E INTERATIVA SOBRE ESSES GIGANTES PRECURSORES DE UM PASSADO DISTANTE. CADA DESENHO AGUARDA PARA GANHAR VIDA COM SUAS CORES ESCOLHIDAS. DEIXE SUA CRIATIVIDADE VOAR ENQUANTO VOCÊ DÁ VIDA A ESSAS CRIATURAS ANTIGAS, EXPLORANDO A VASTA PALETA DE CORES QUE PODERIAM TER ADORNADO SEUS CORPOS IMPRESSIONANTES. SEJA FIEL ÀS RECONSTRUÇÕES CIENTÍFICAS OU DEIXE SUA IMAGINAÇÃO CORRER SOLTA, ESTE LIVRO É O SEU CONVITE PARA COLORIR E PERSONALIZAR A HISTÓRIA DOS DINOSSAUROS. PREPARE-SE PARA UMA EXPERIÊNCIA ÚNICA DE APRENDIZADO E DIVERSÃO, ENQUANTO VOCÊ MERGULHA NAS ERAS PASSADAS E ADICIONA UM TOQUE VIBRANTE À FASCINANTE HISTÓRIA DOS DINOSSAUROS. ESTE É MAIS DO QUE UM LIVRO DE COLORIR – É UMA OPORTUNIDADE DE VIAJAR NO TEMPO ATRAVÉS DA ARTE, ONDE SUA CRIATIVIDADE ENCONTRA A HISTÓRIA. IDIVIRTA-SE COLORINDO O PASSADO!

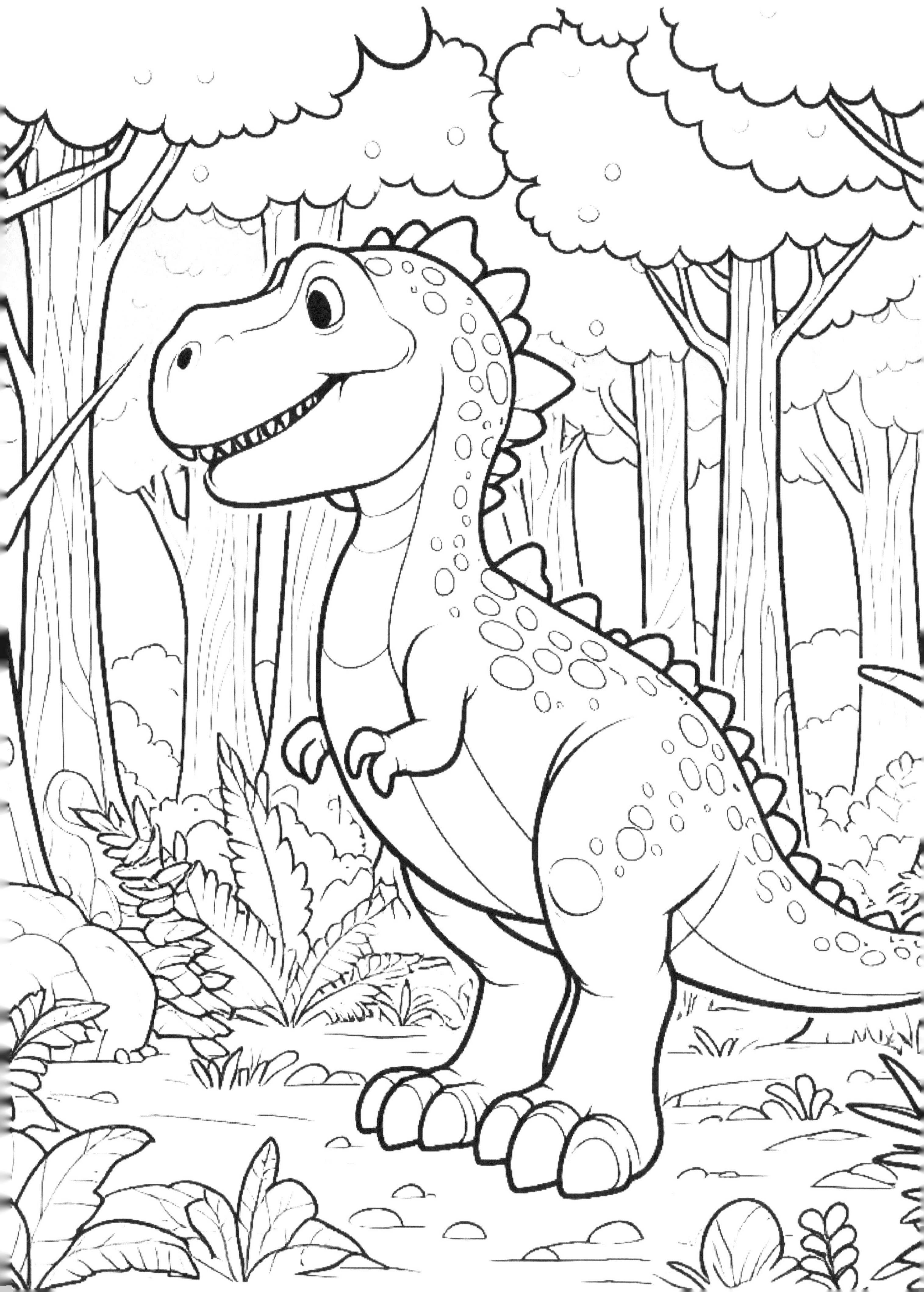

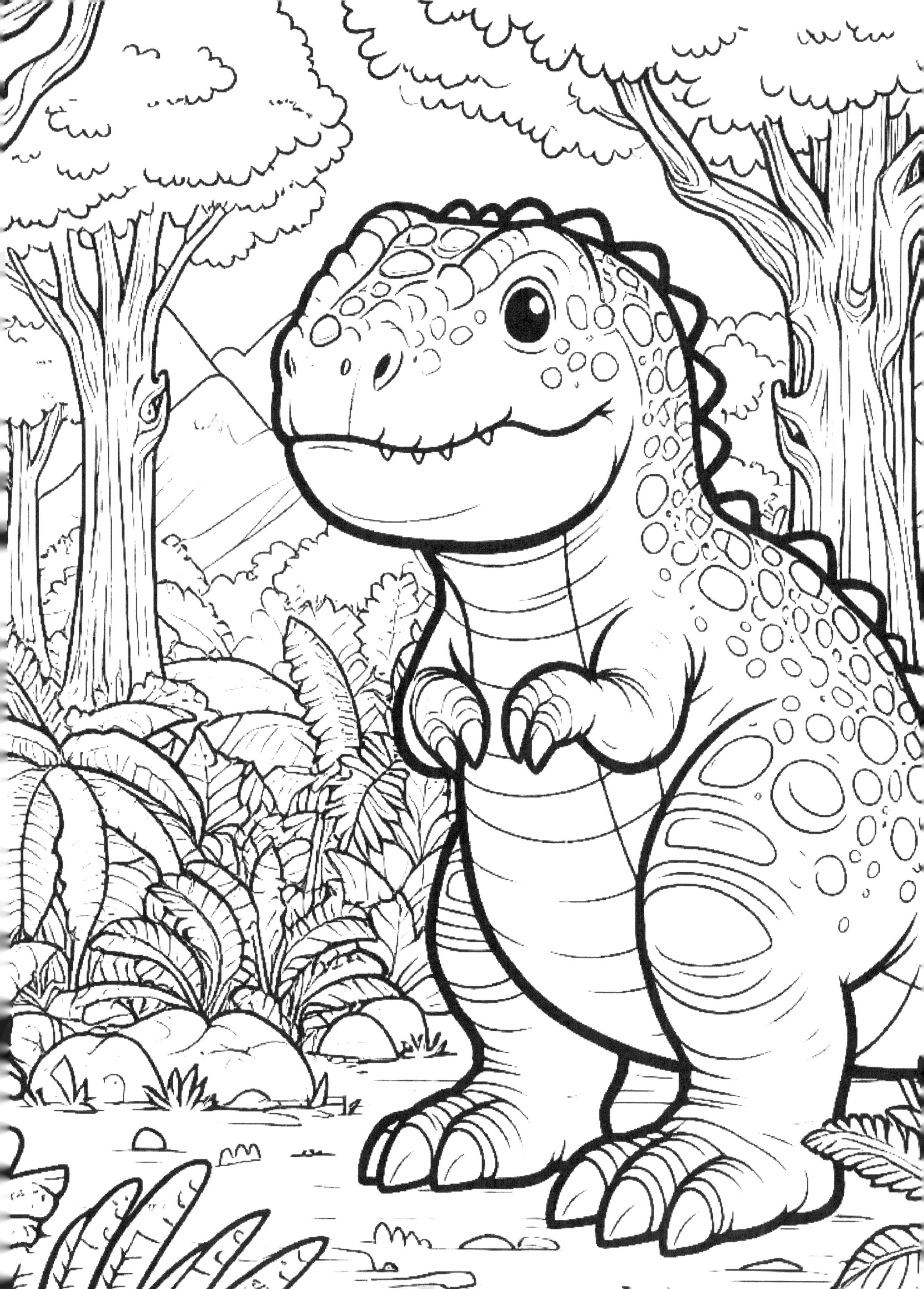

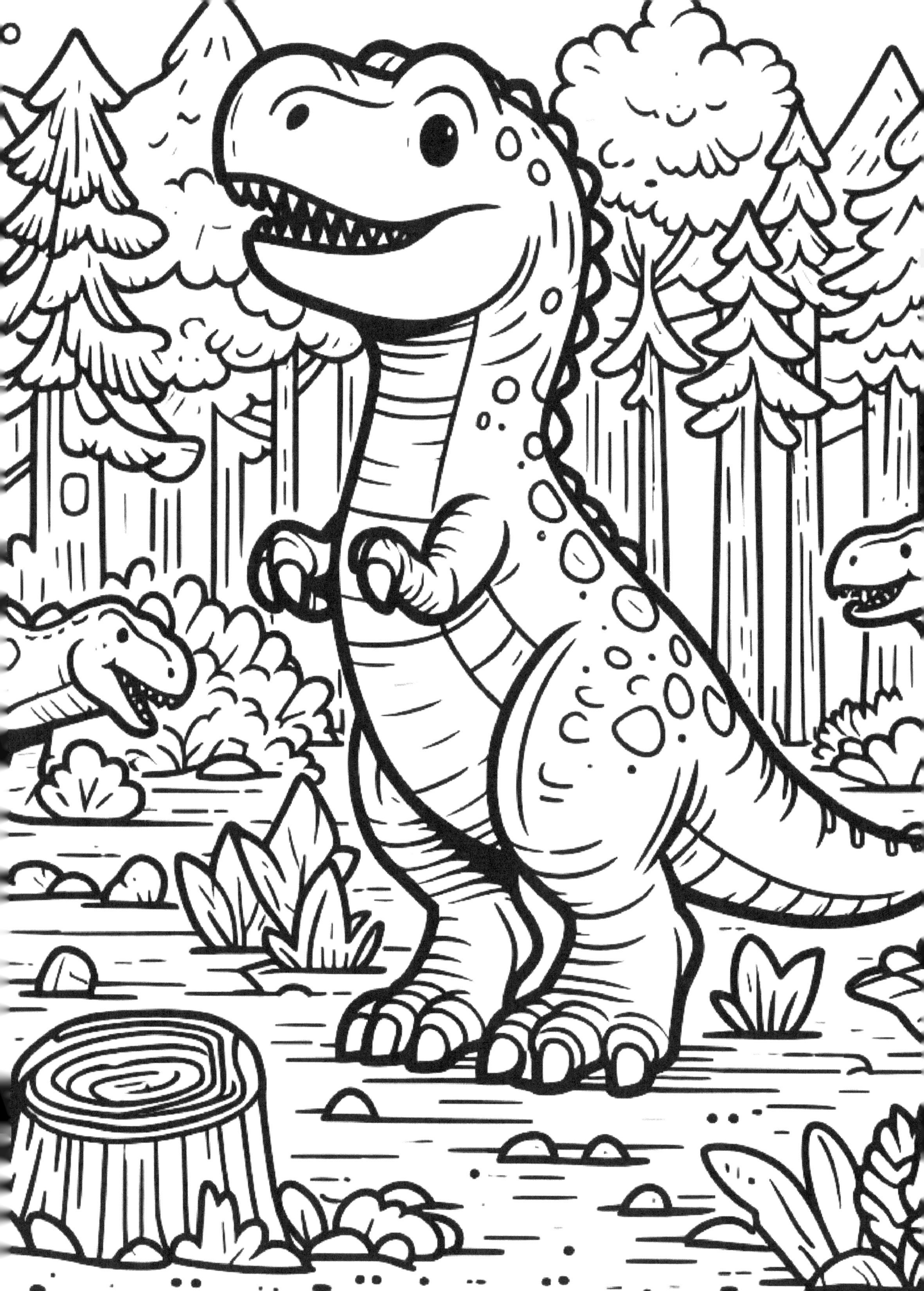

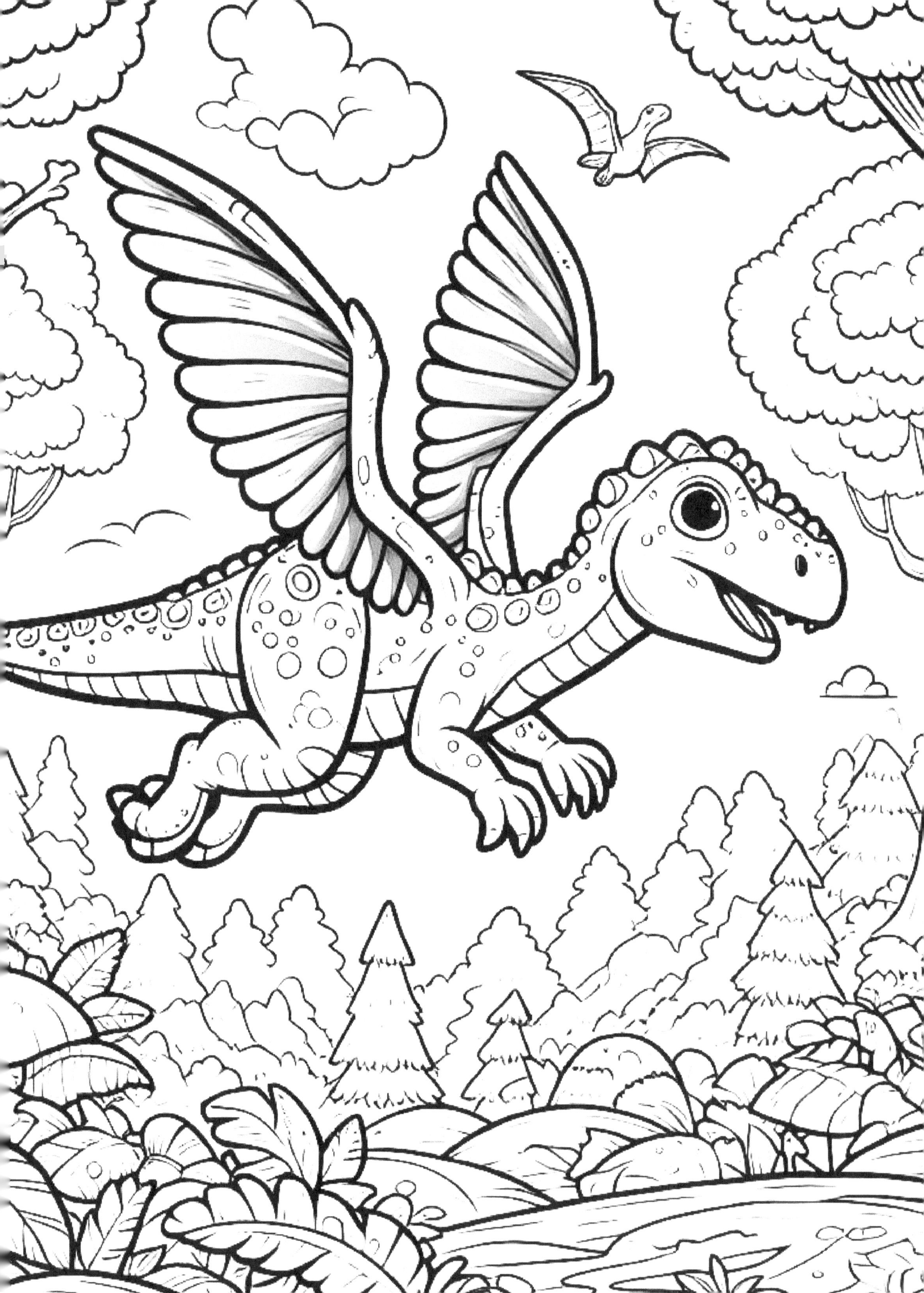

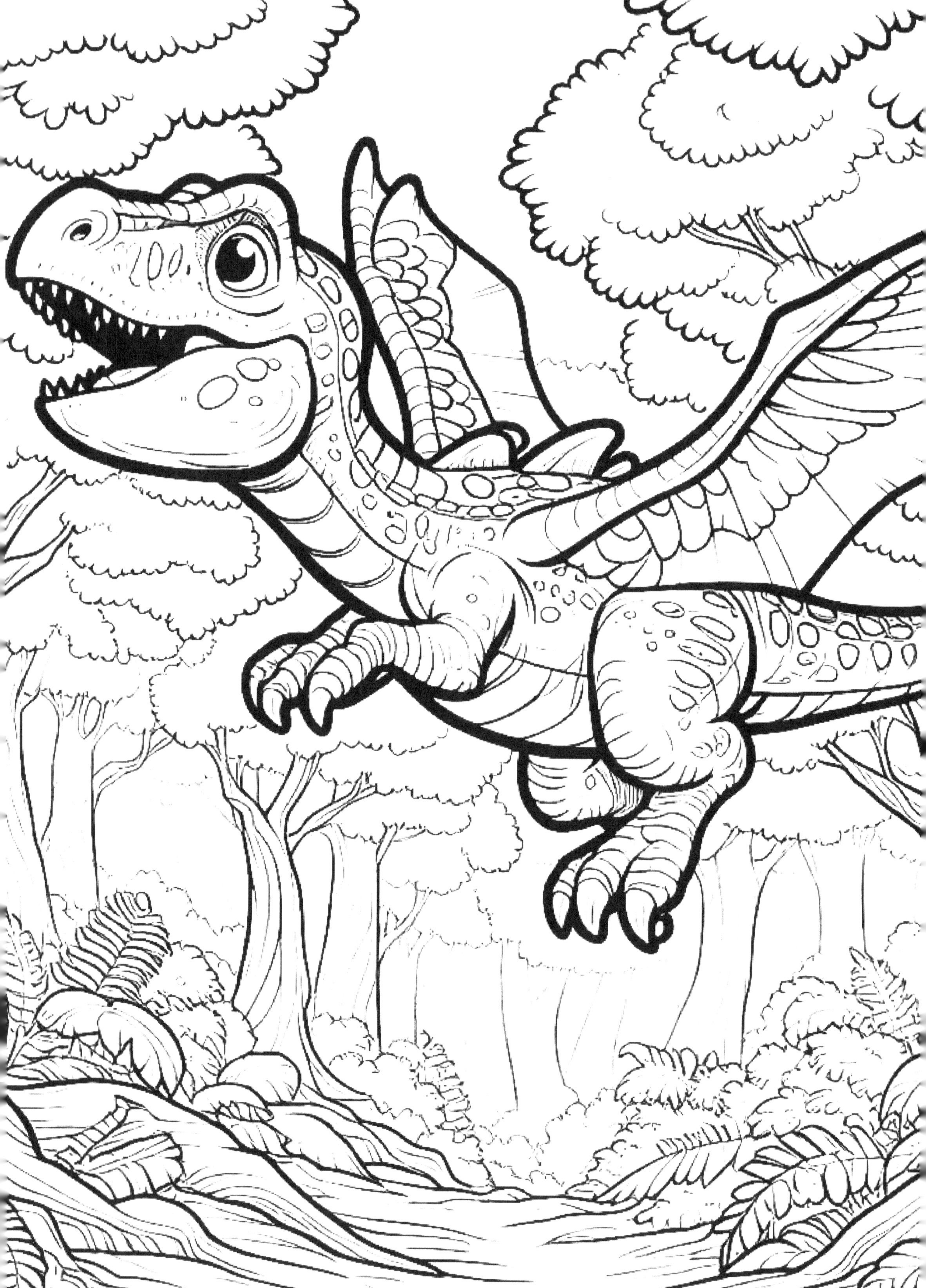

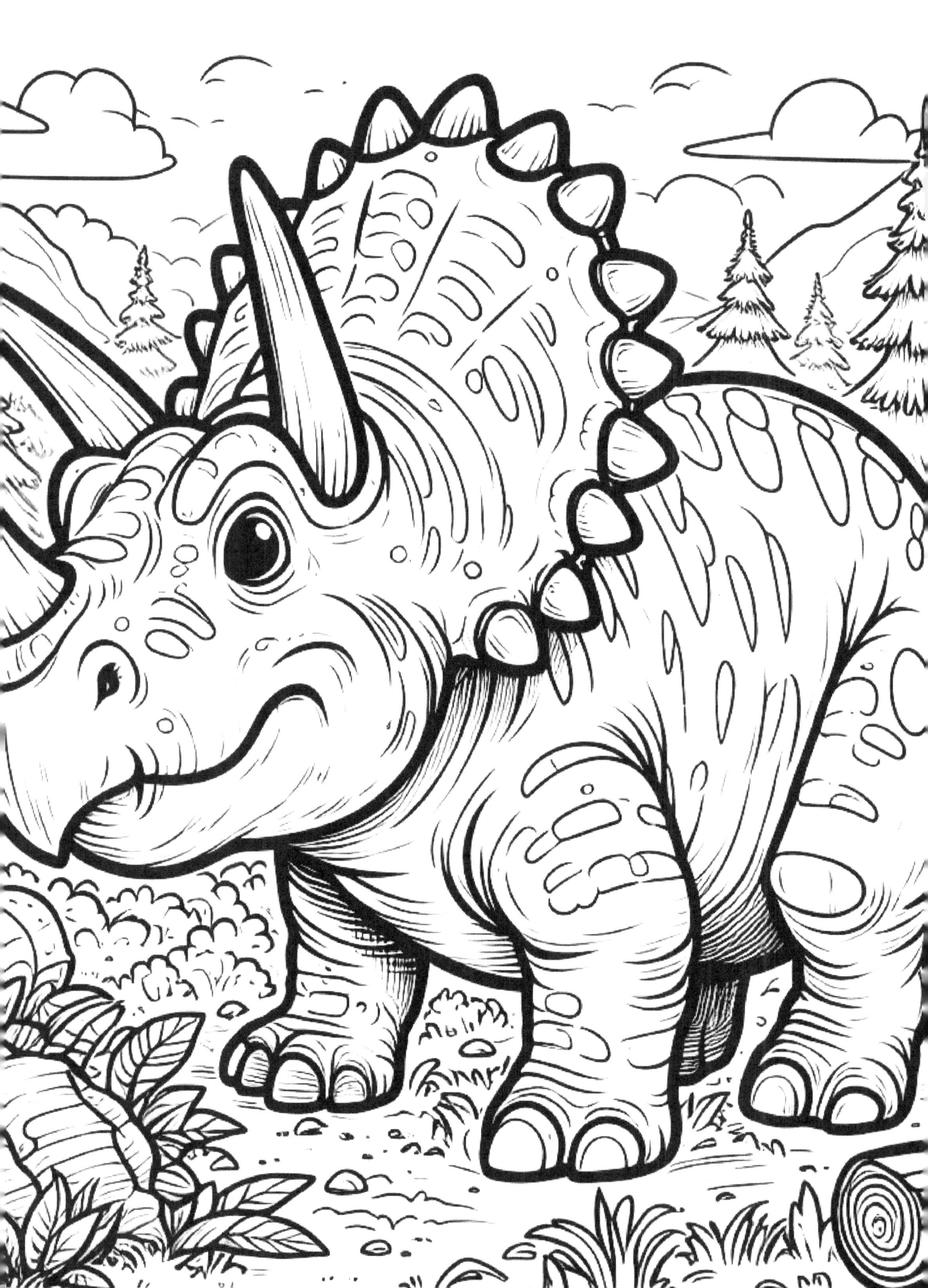

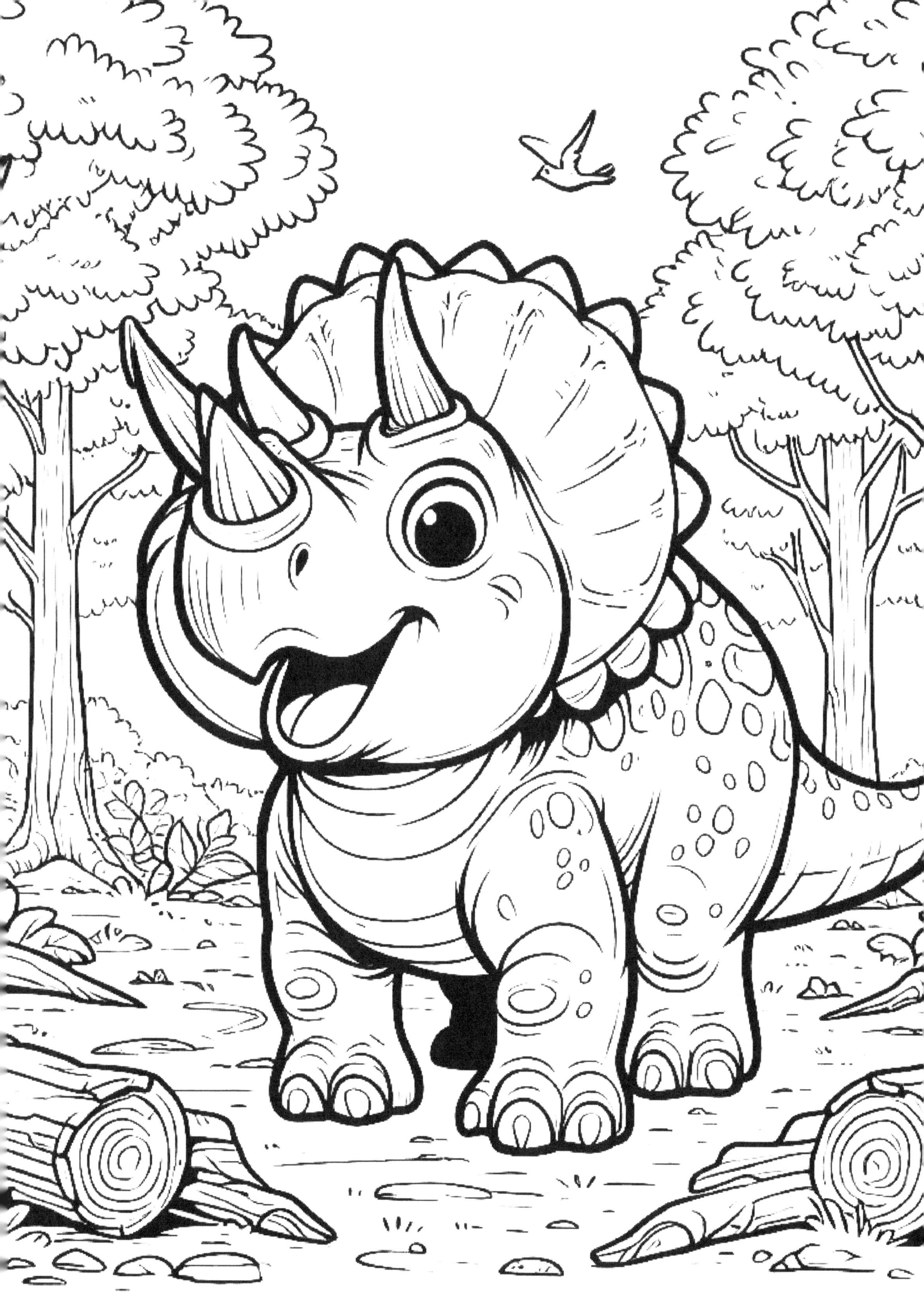

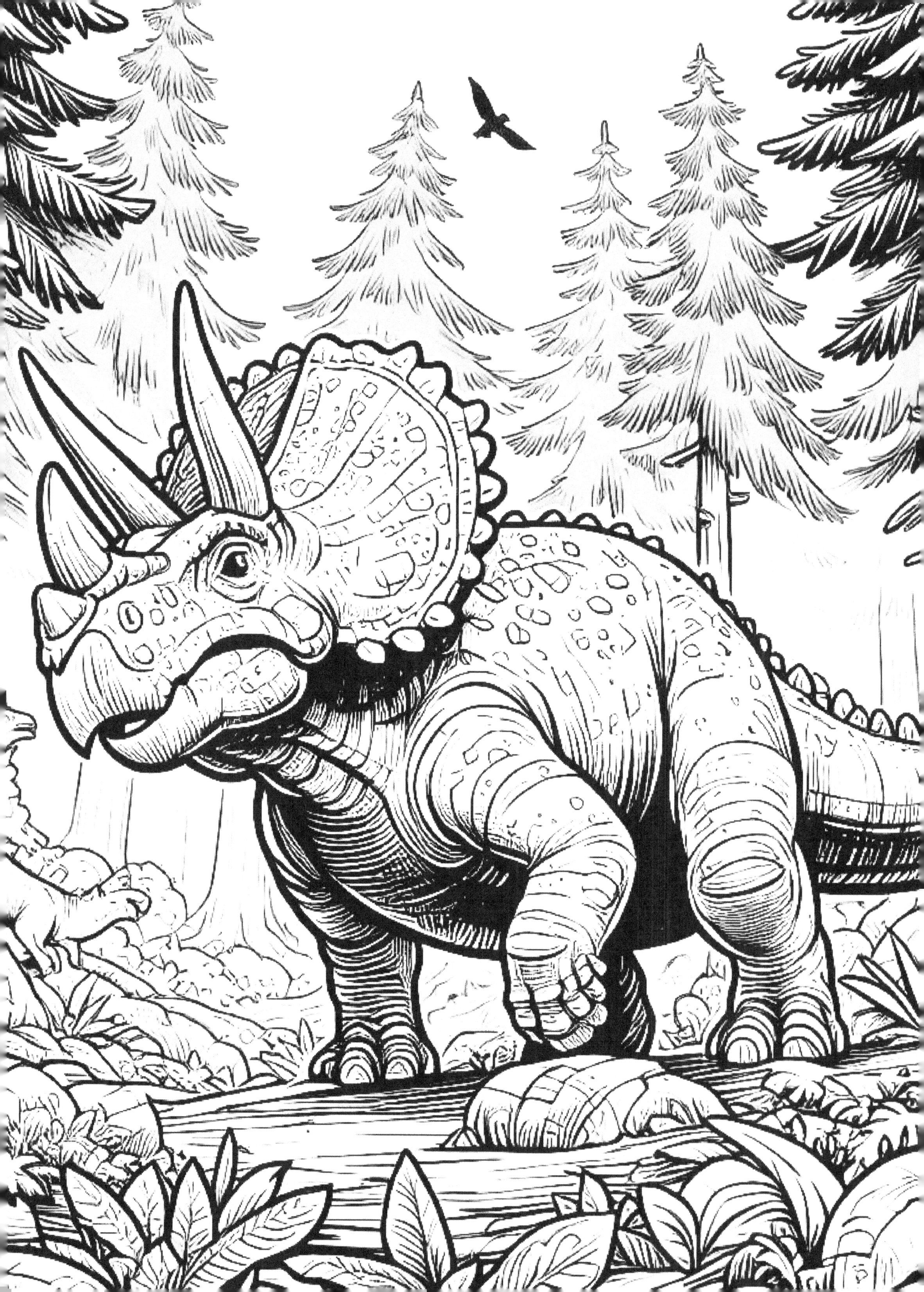

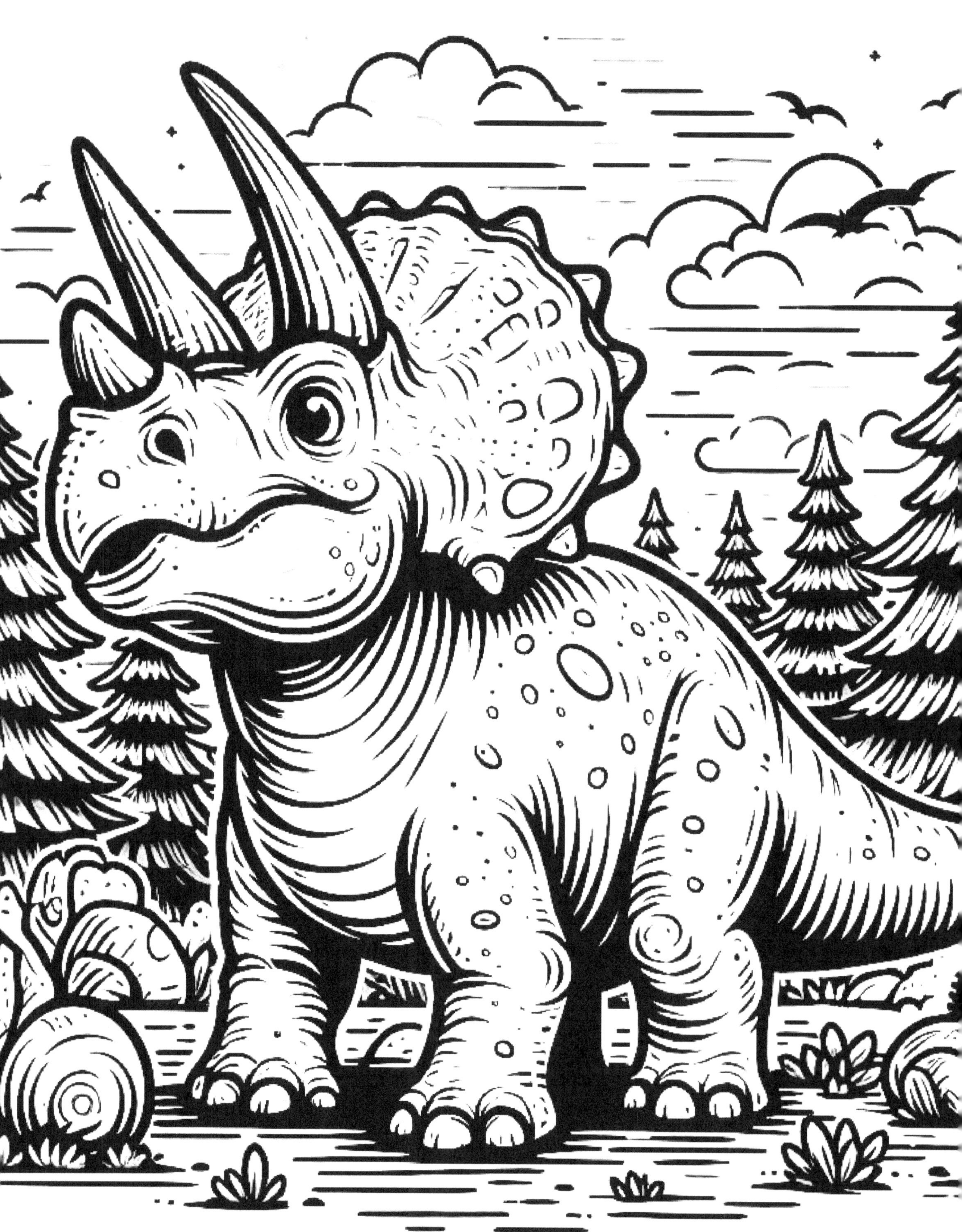

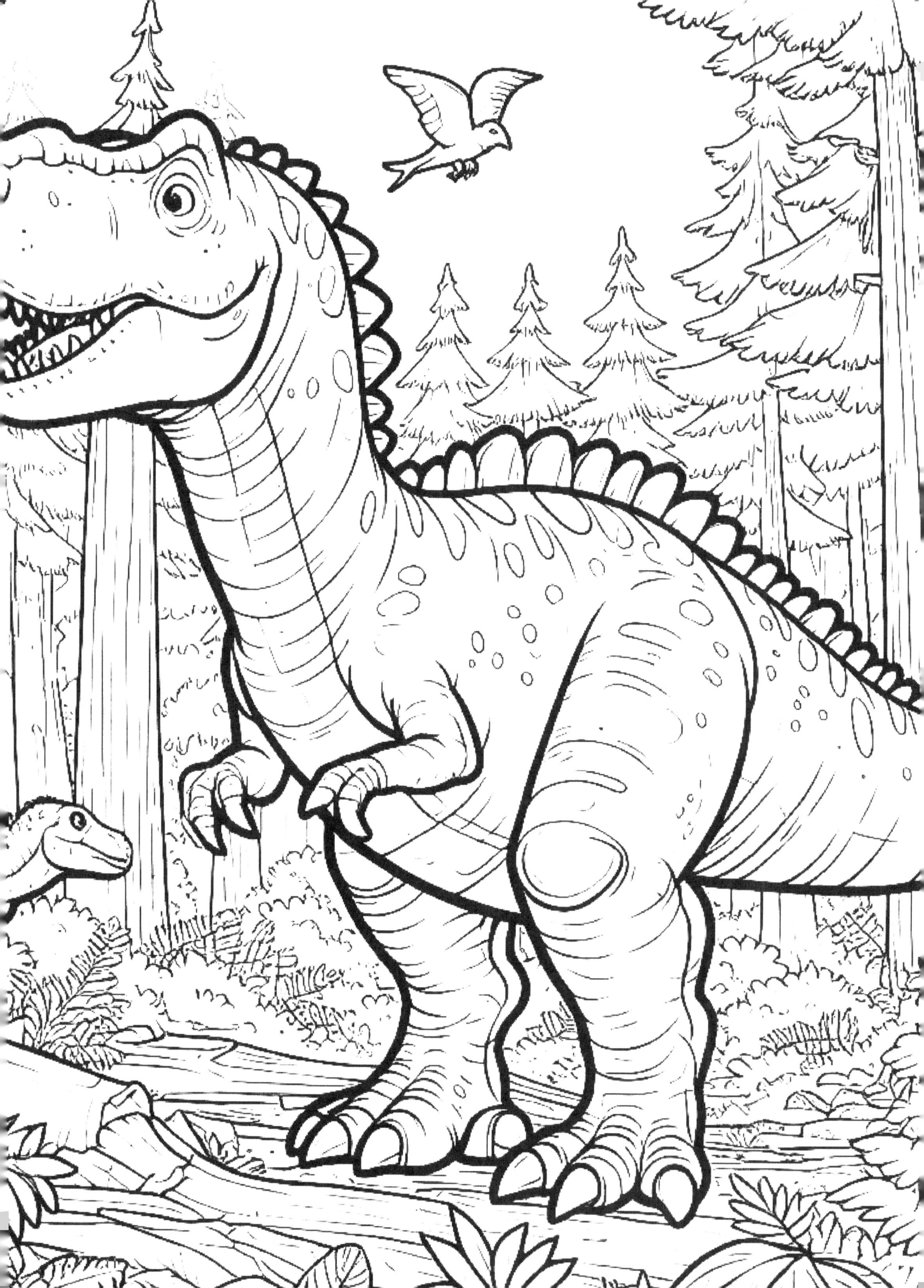

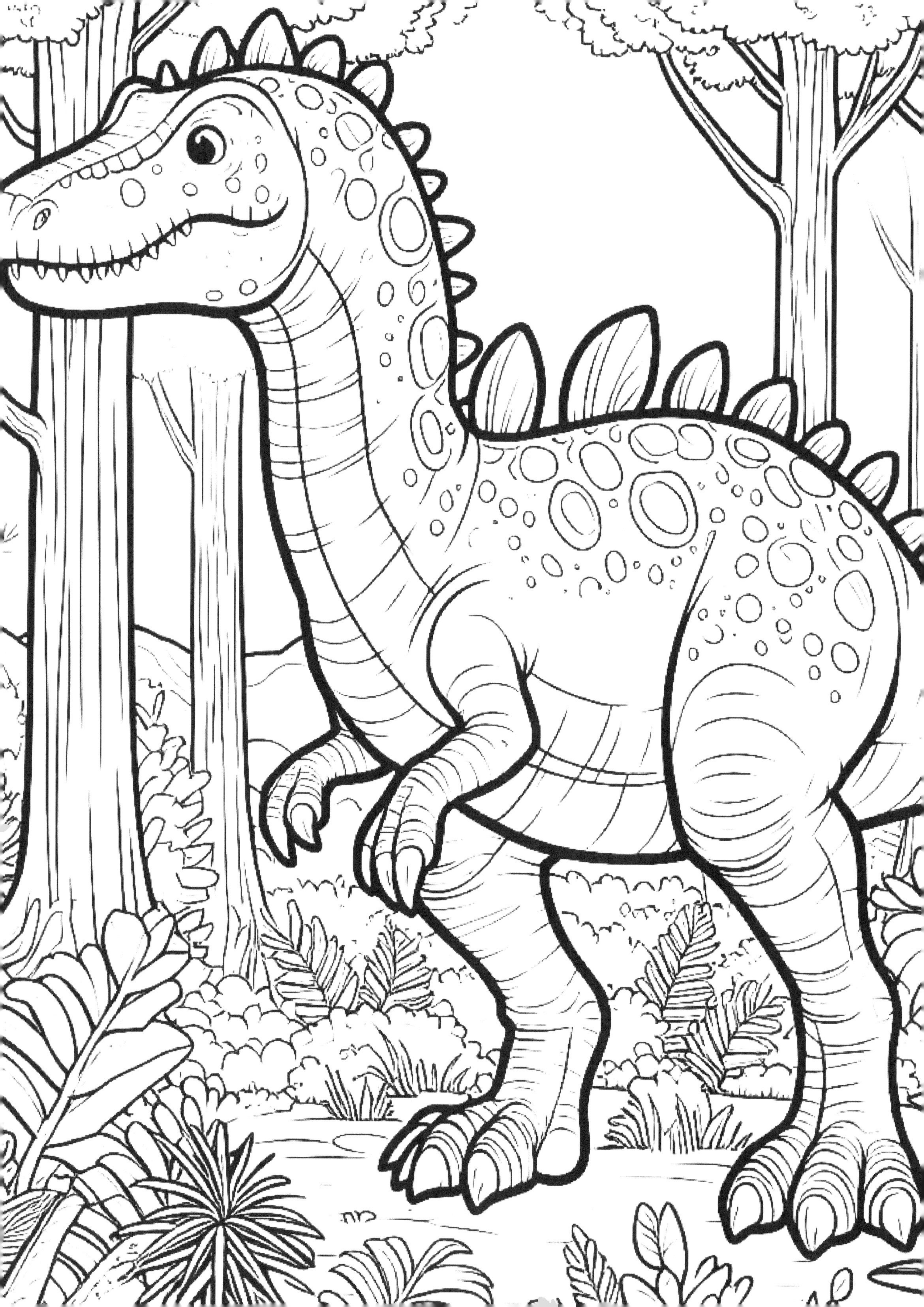

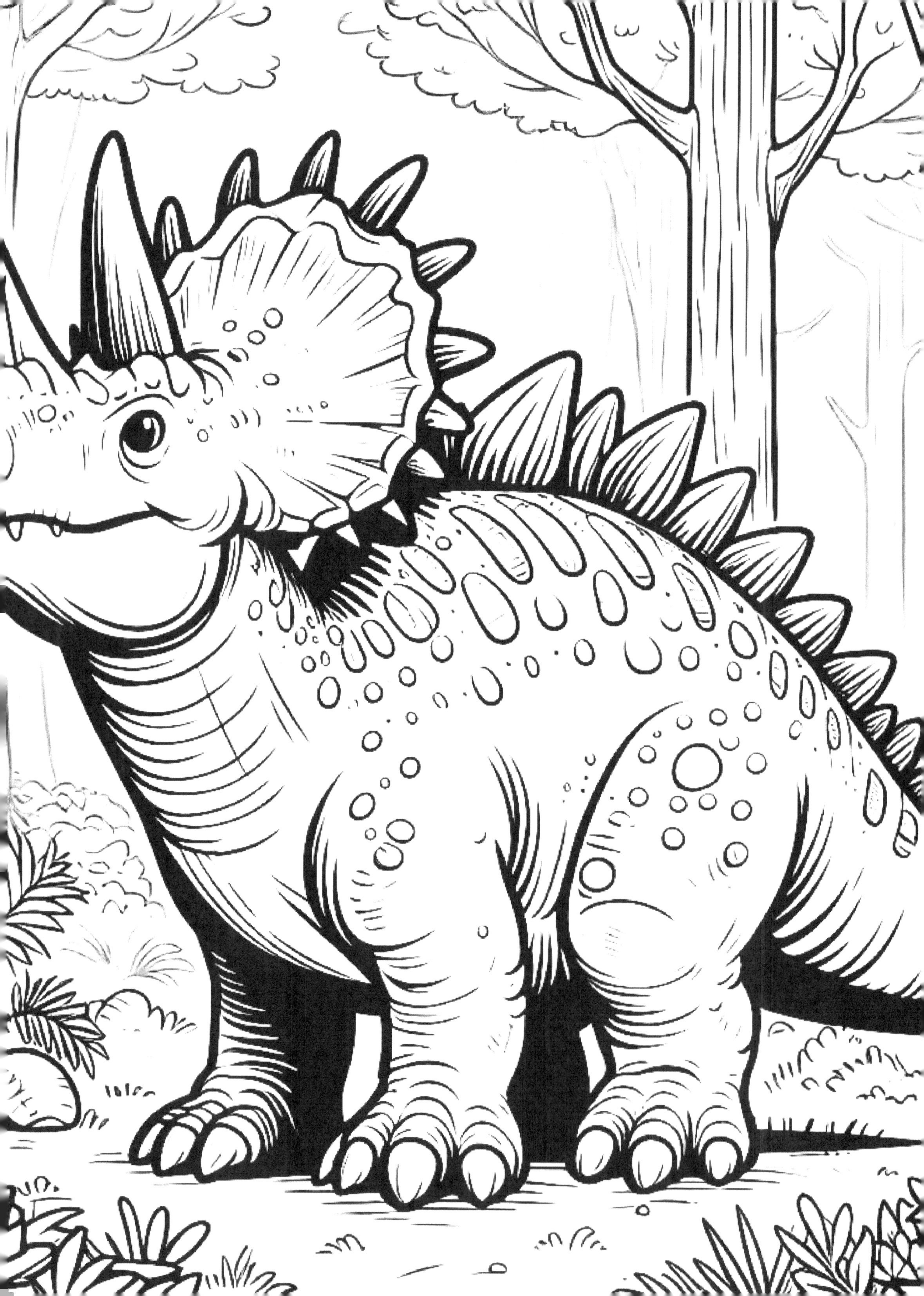

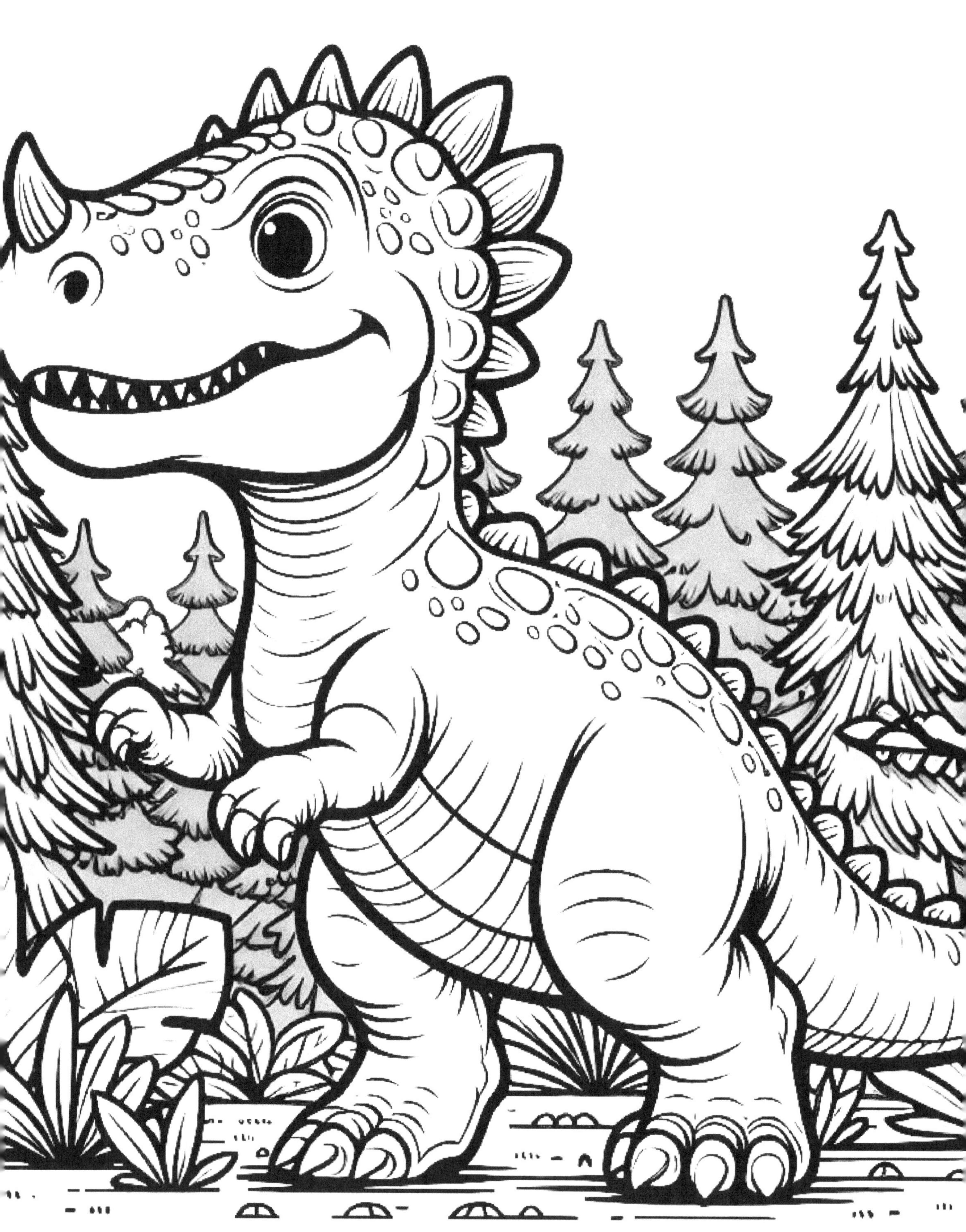

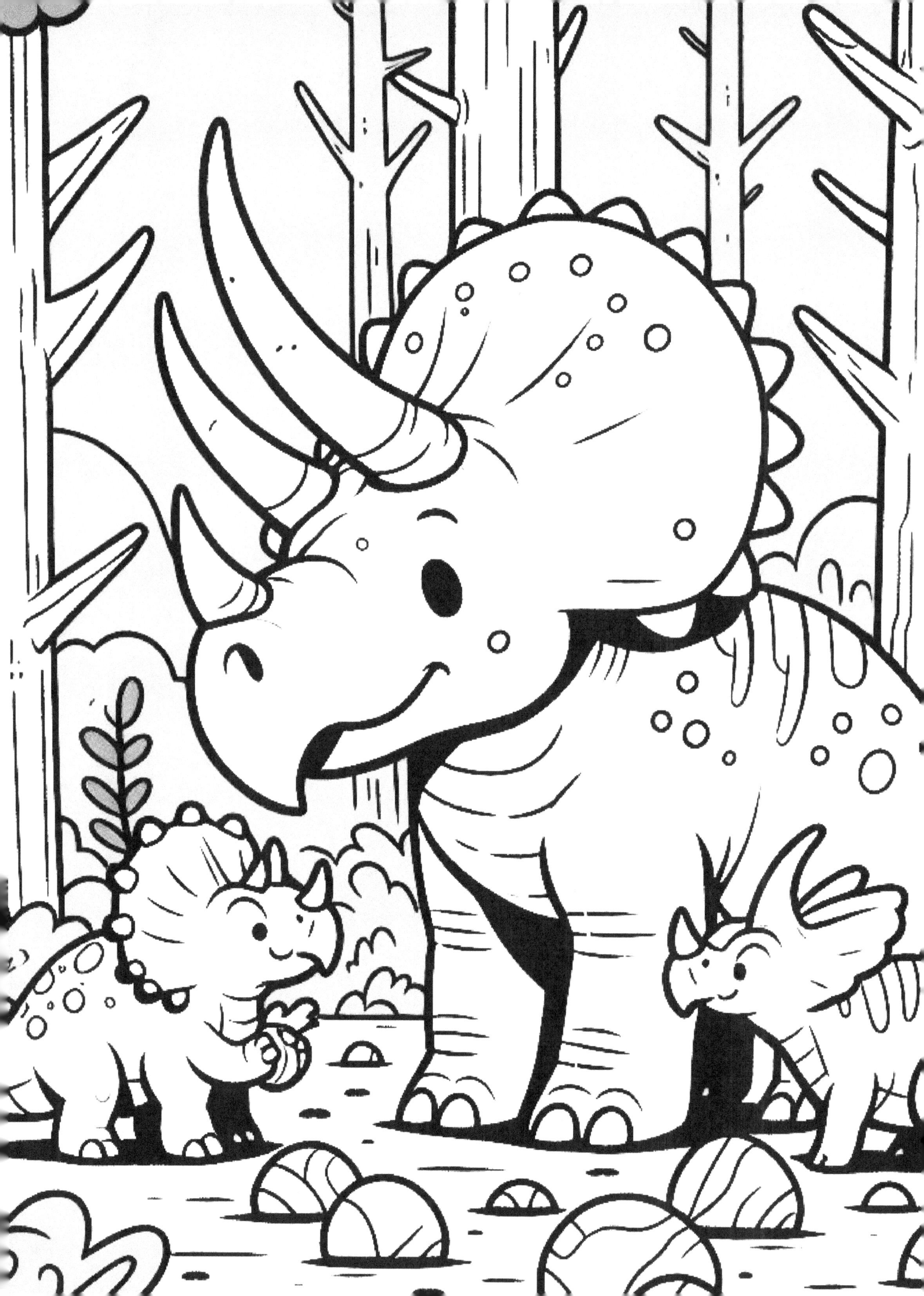

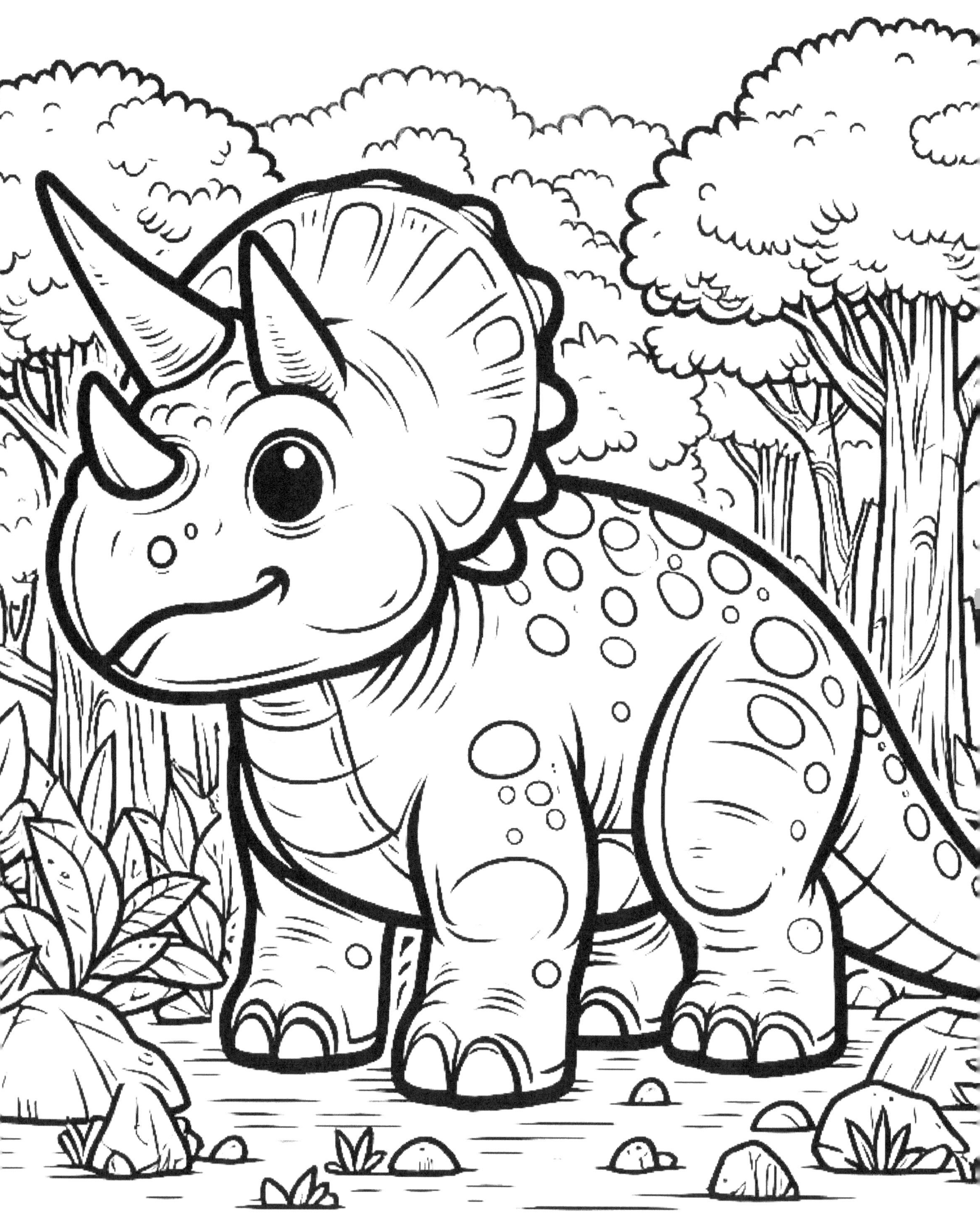

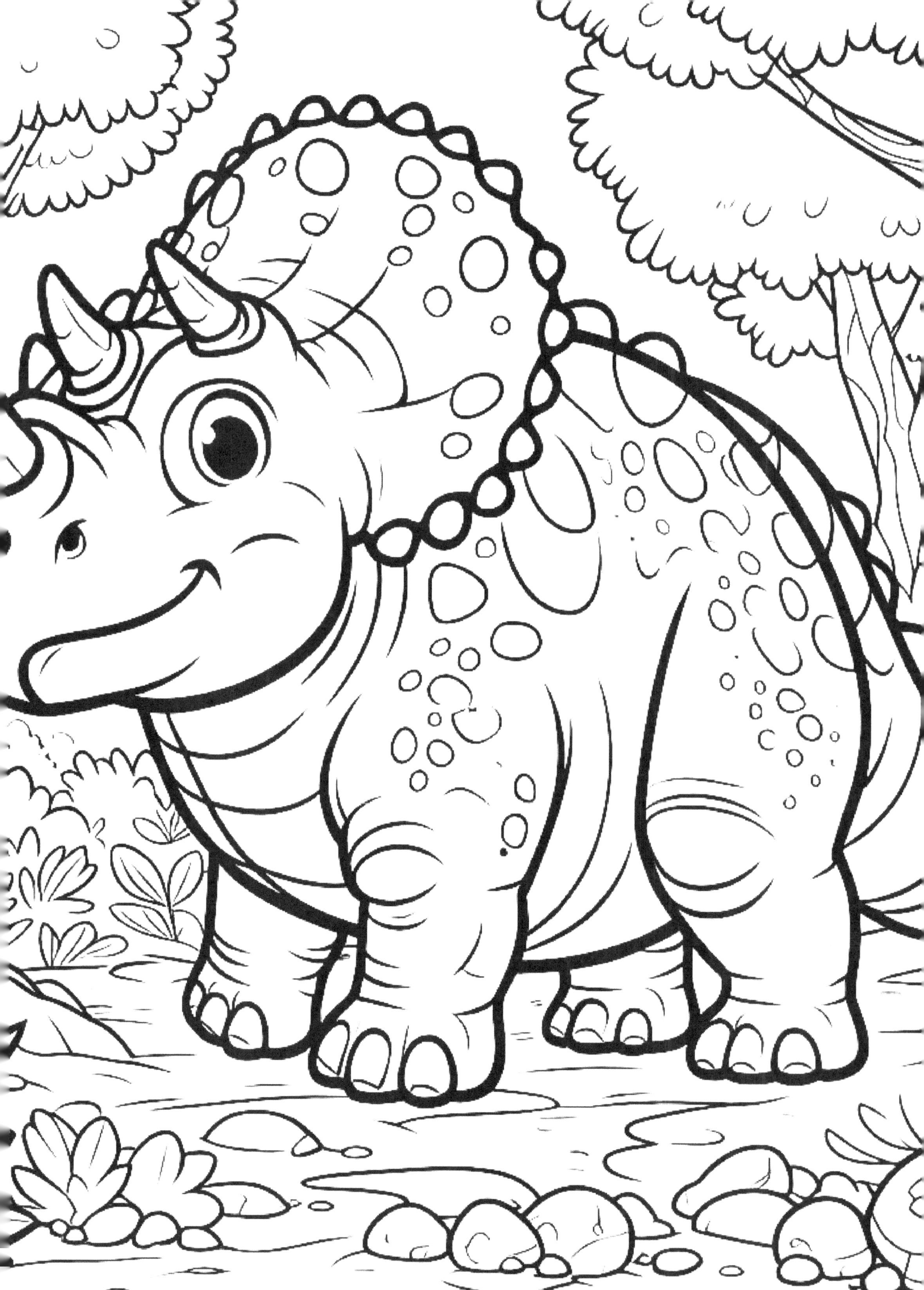

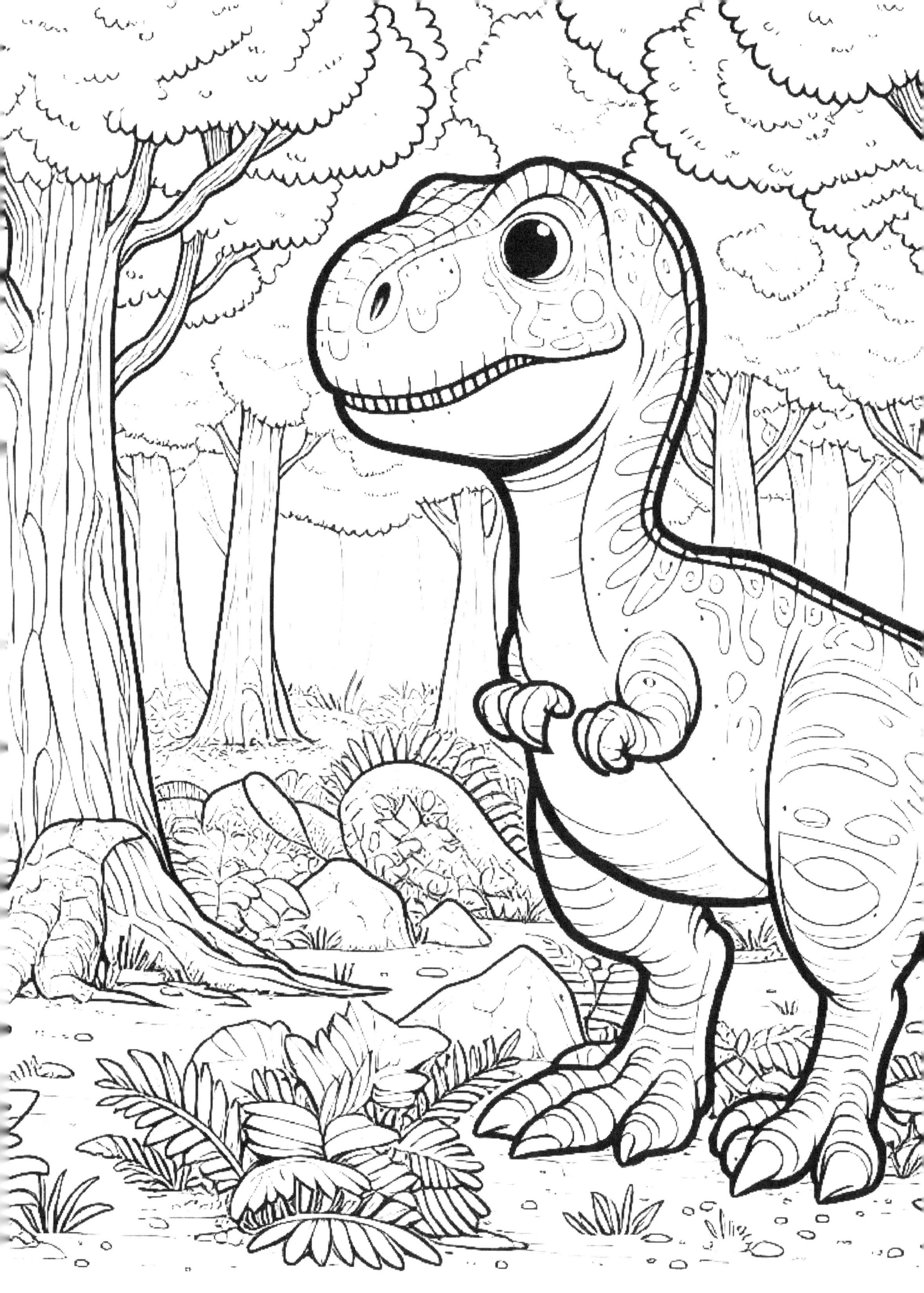

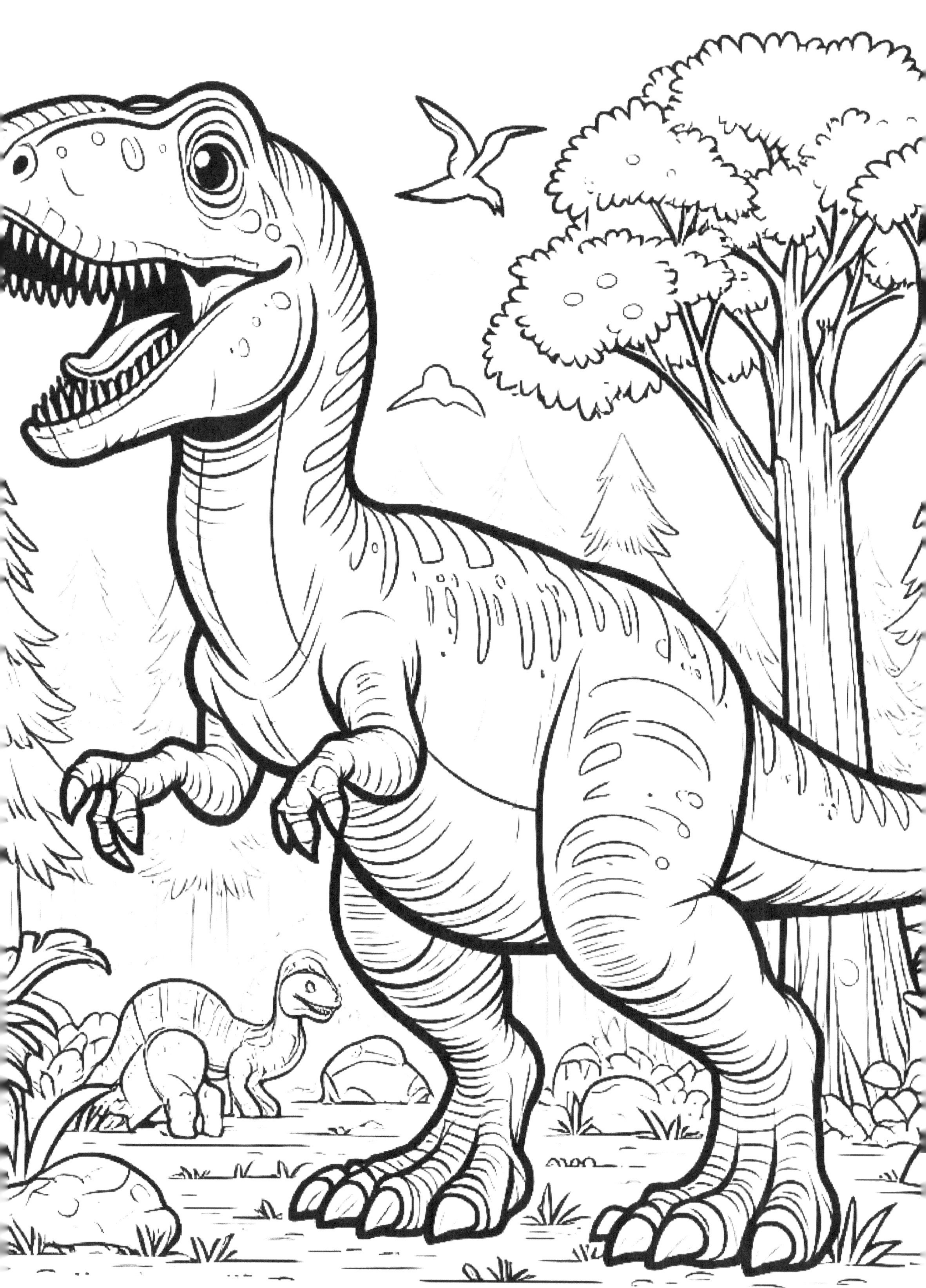

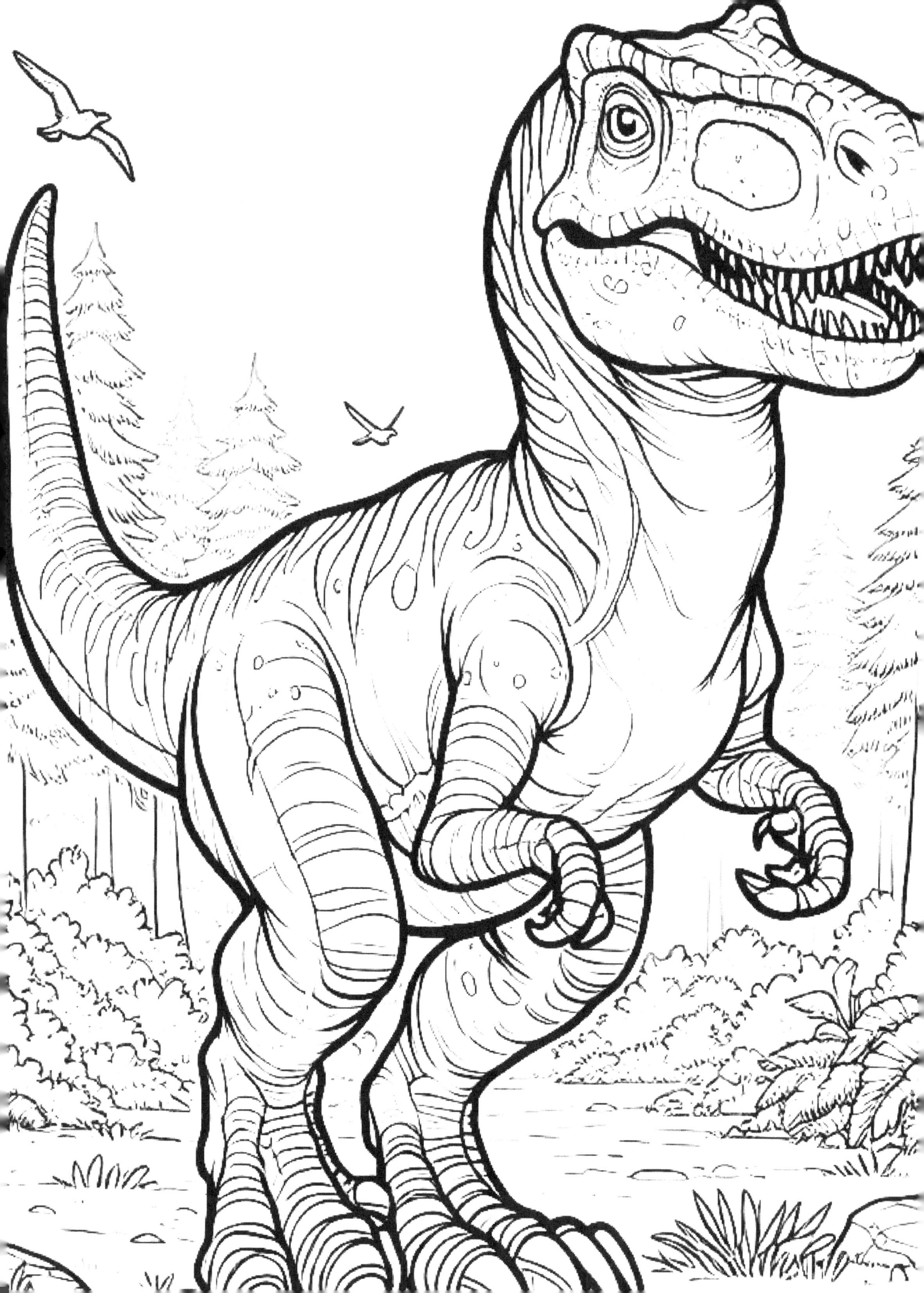

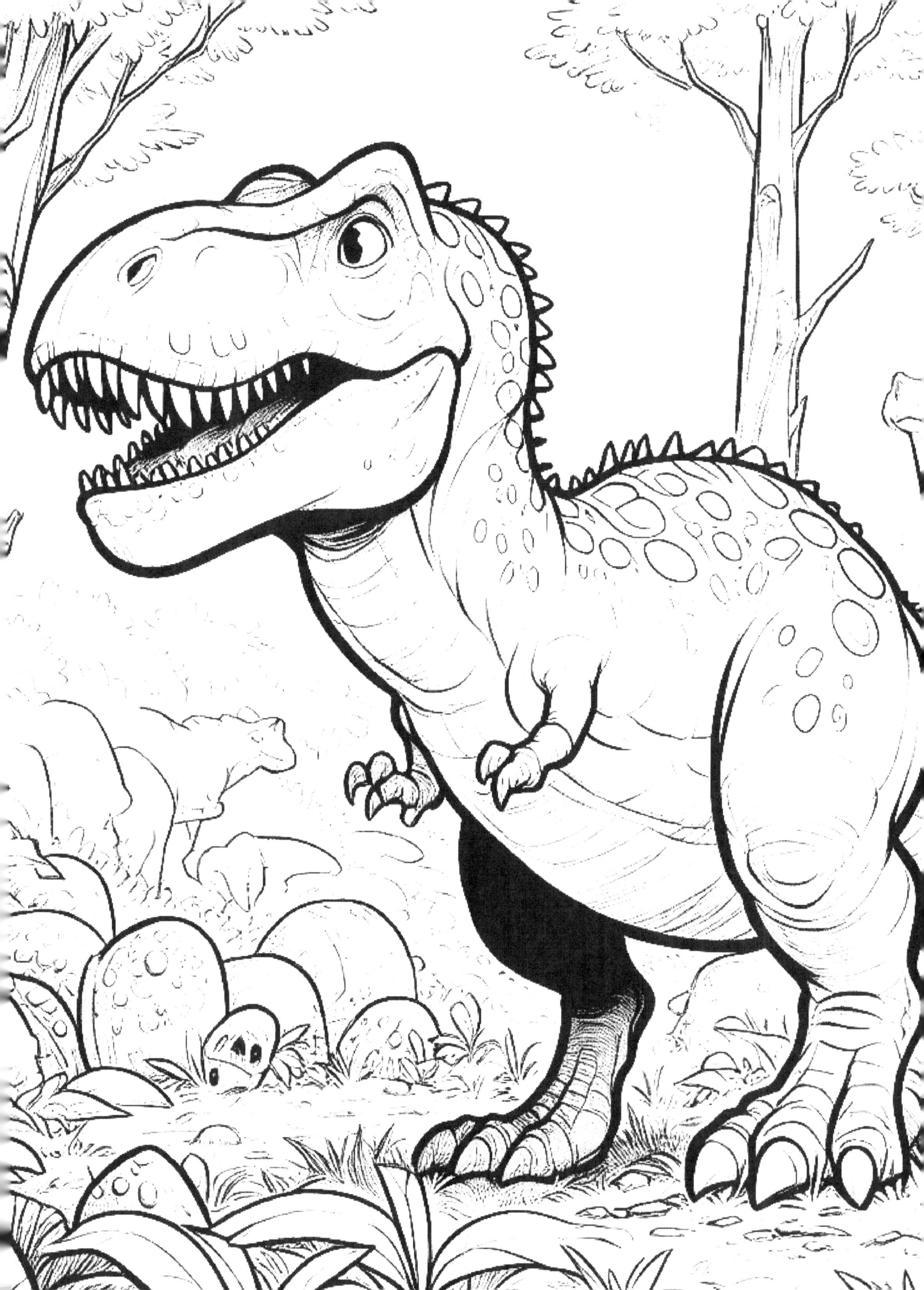

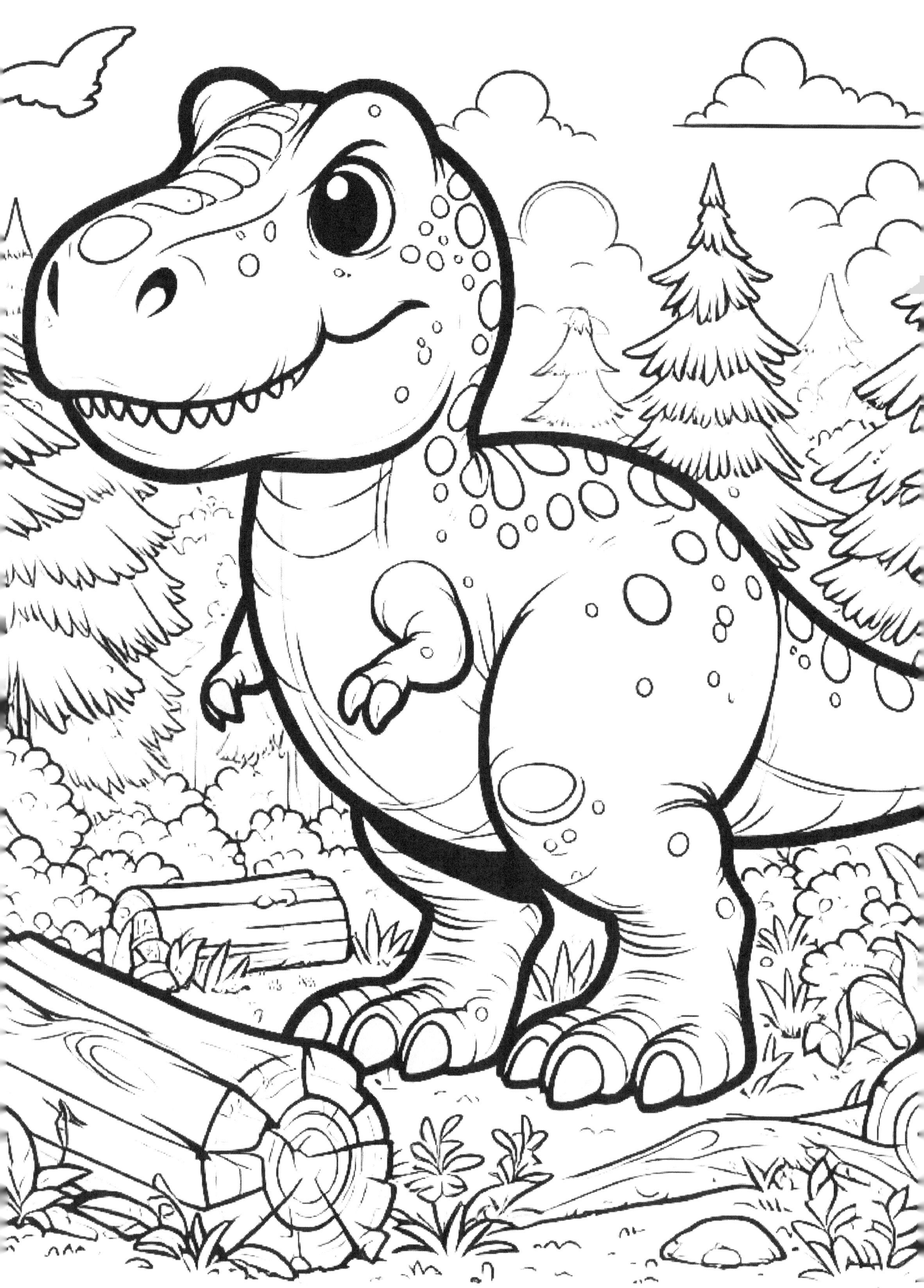

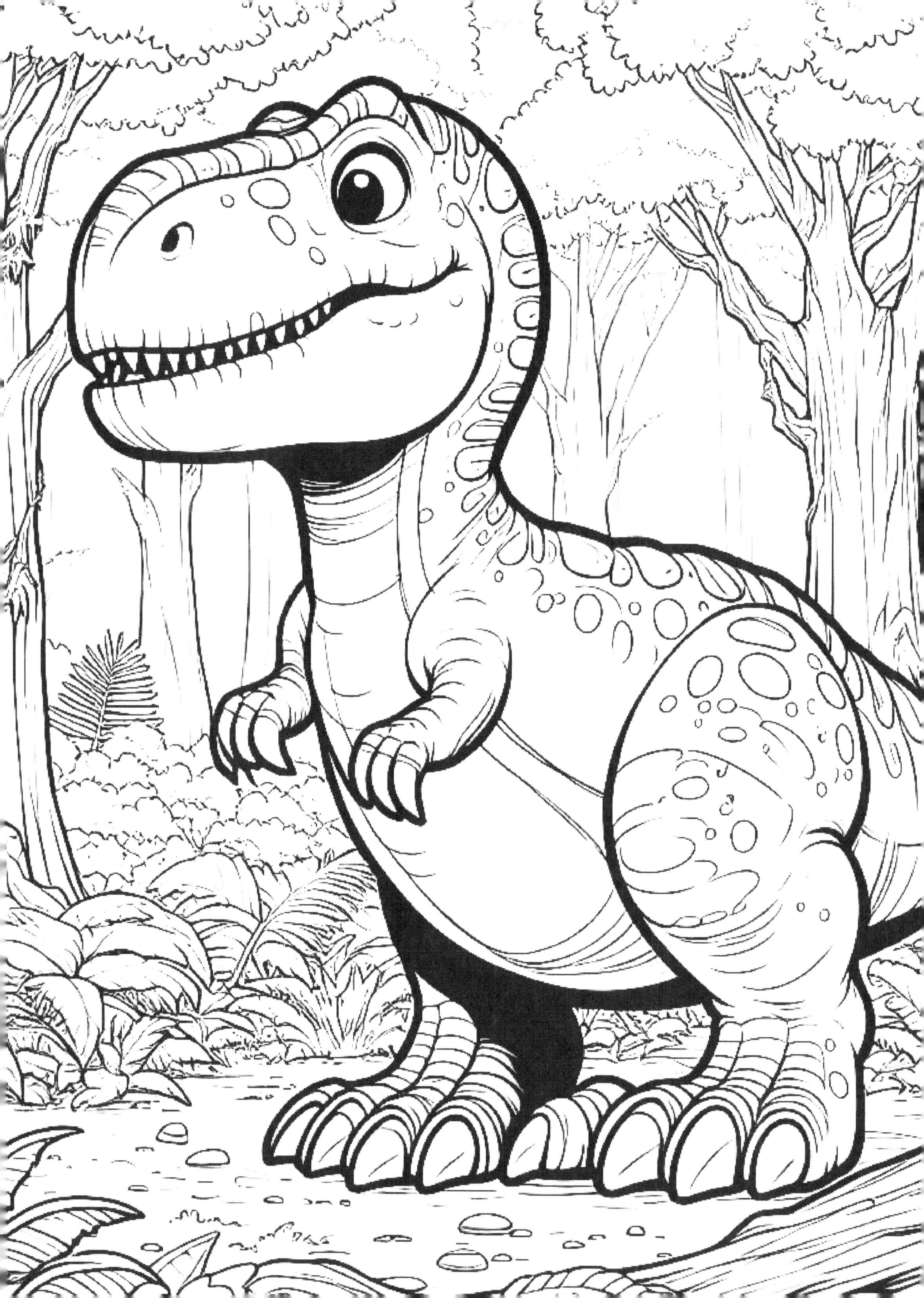

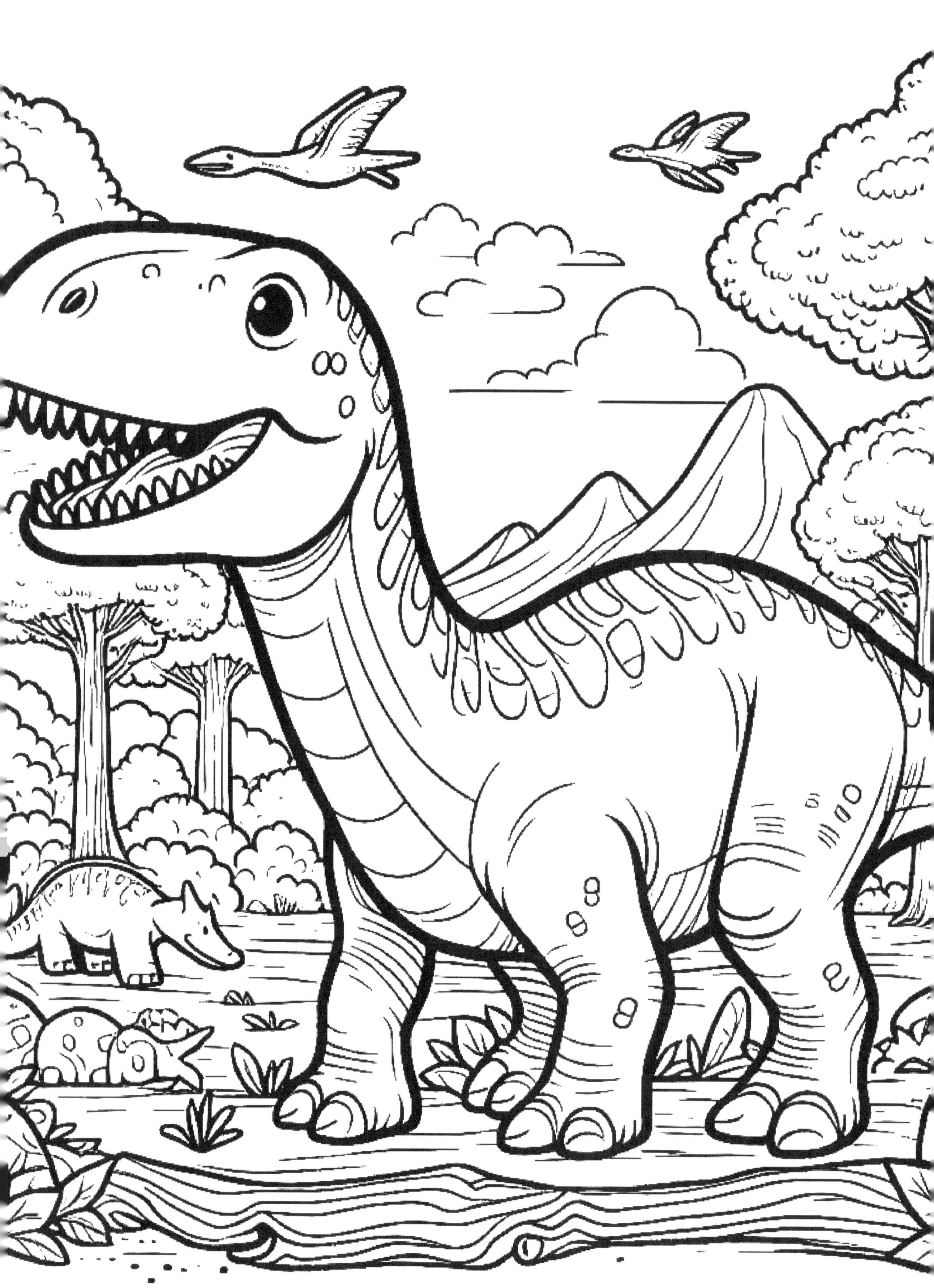

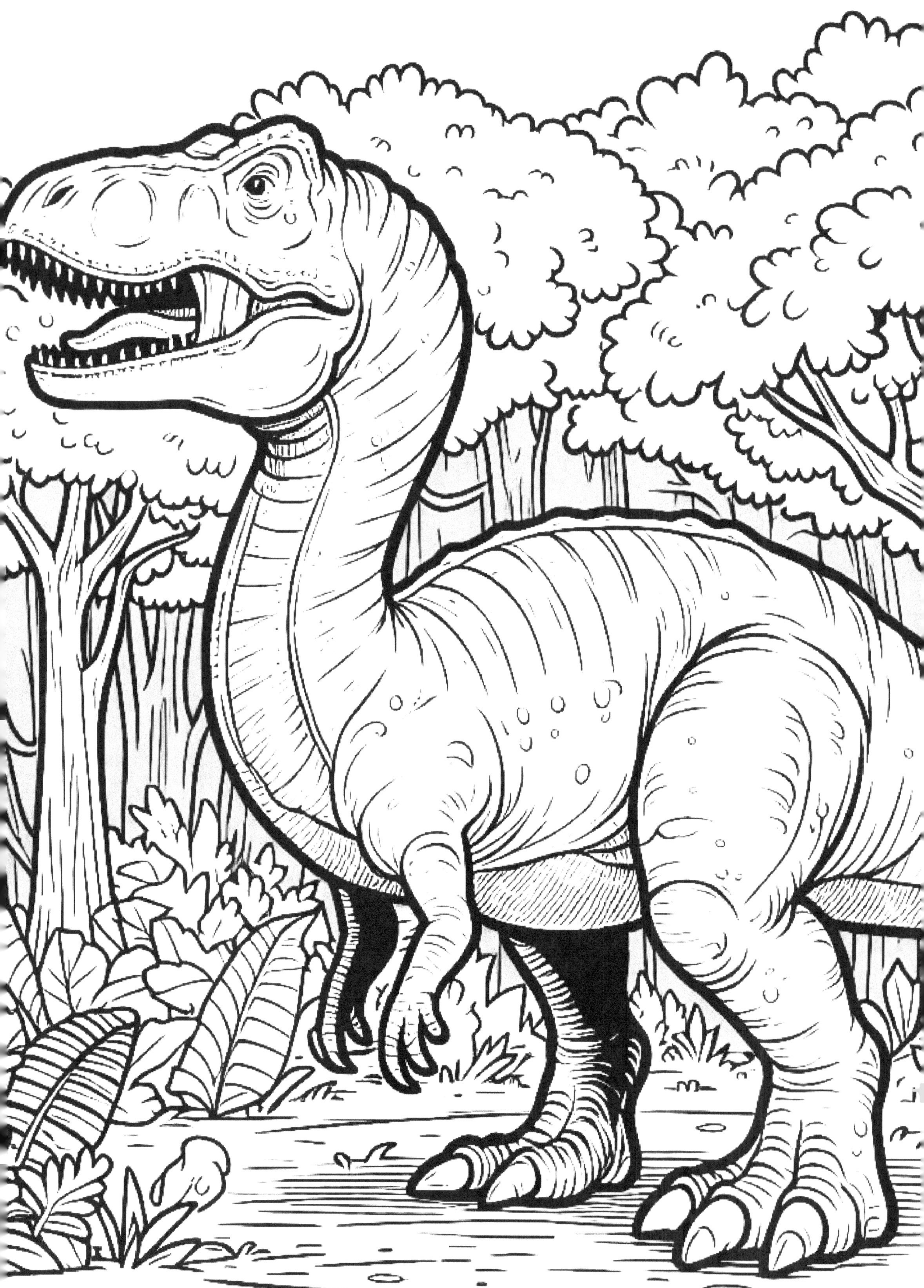

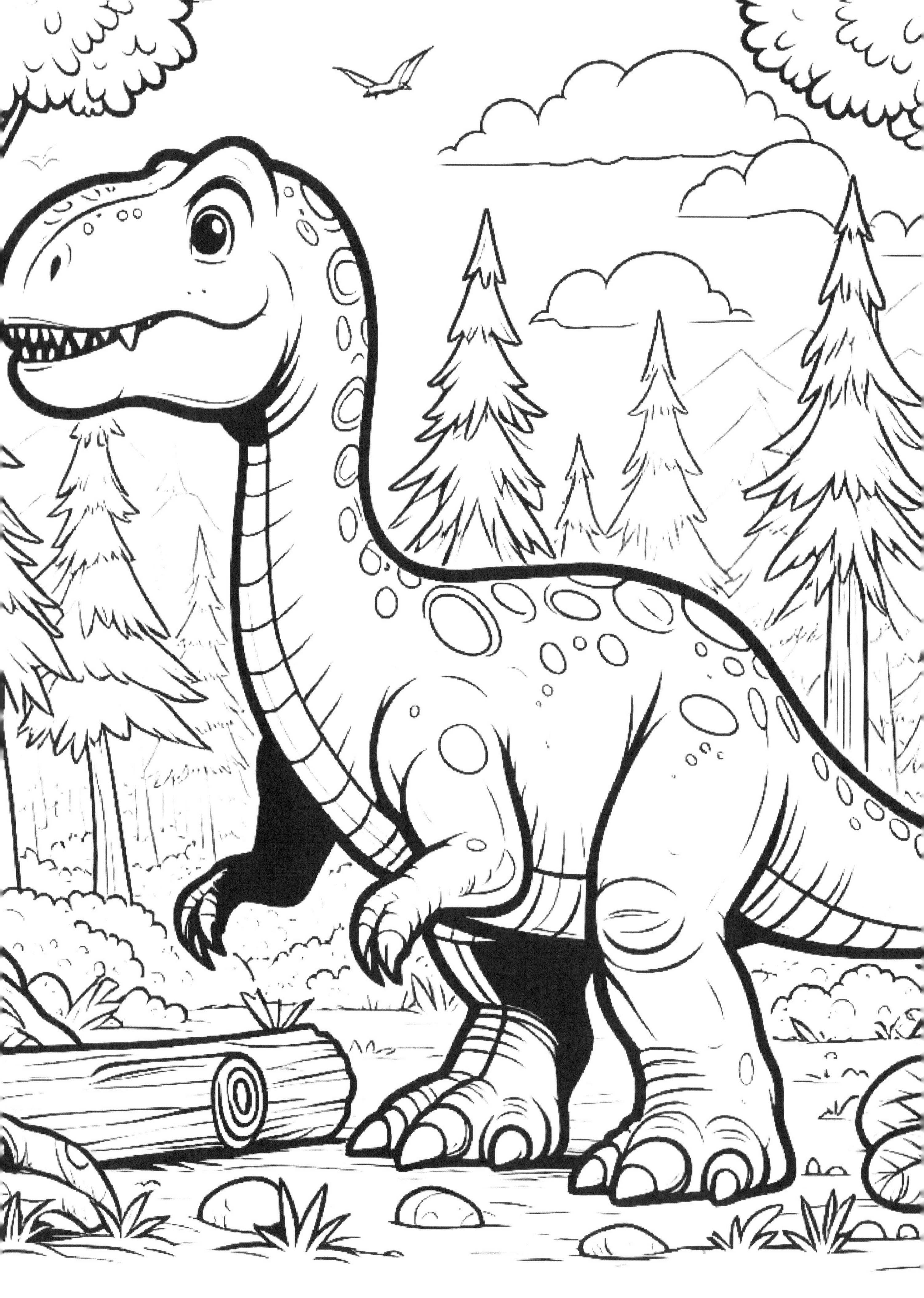

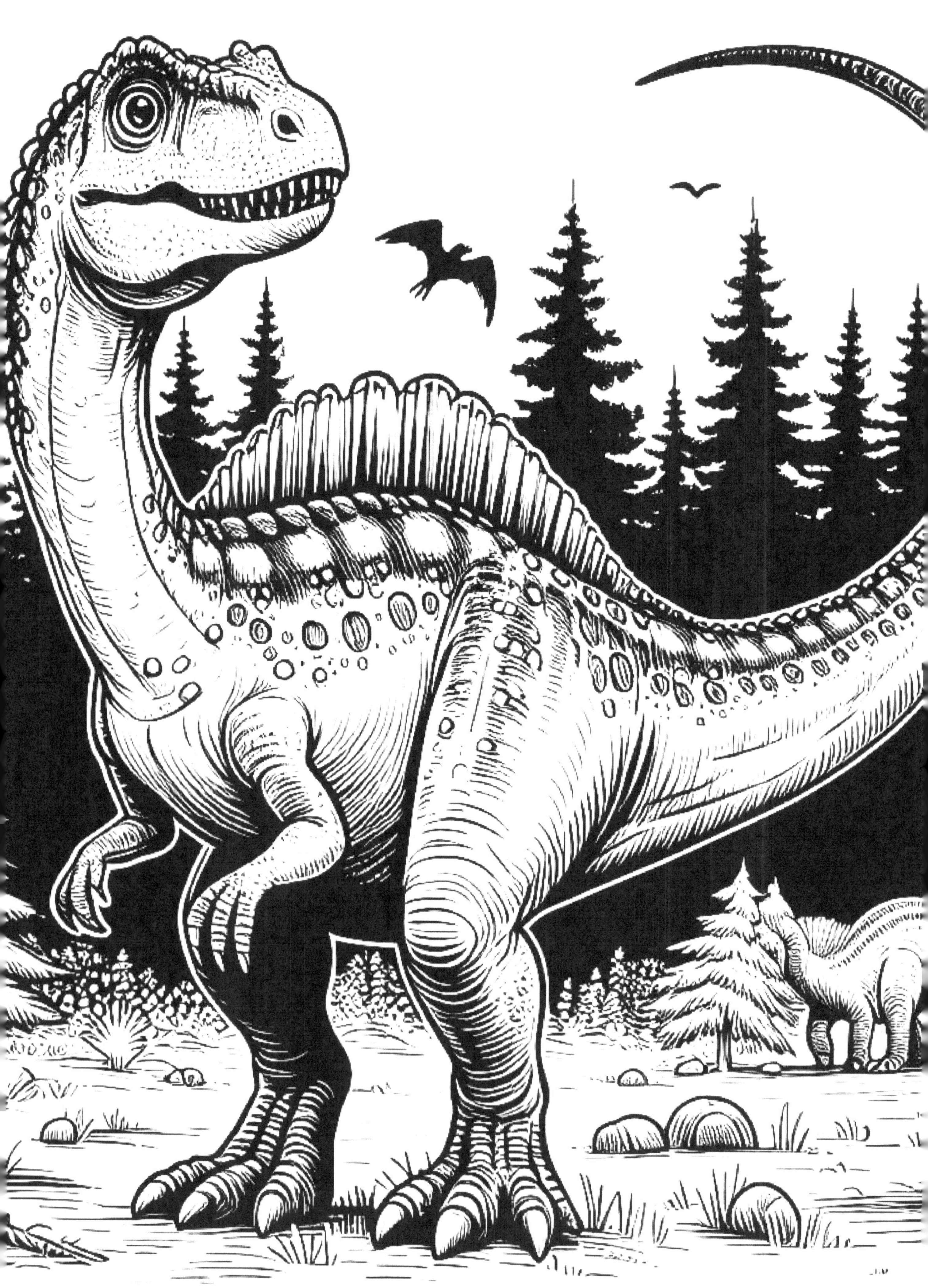

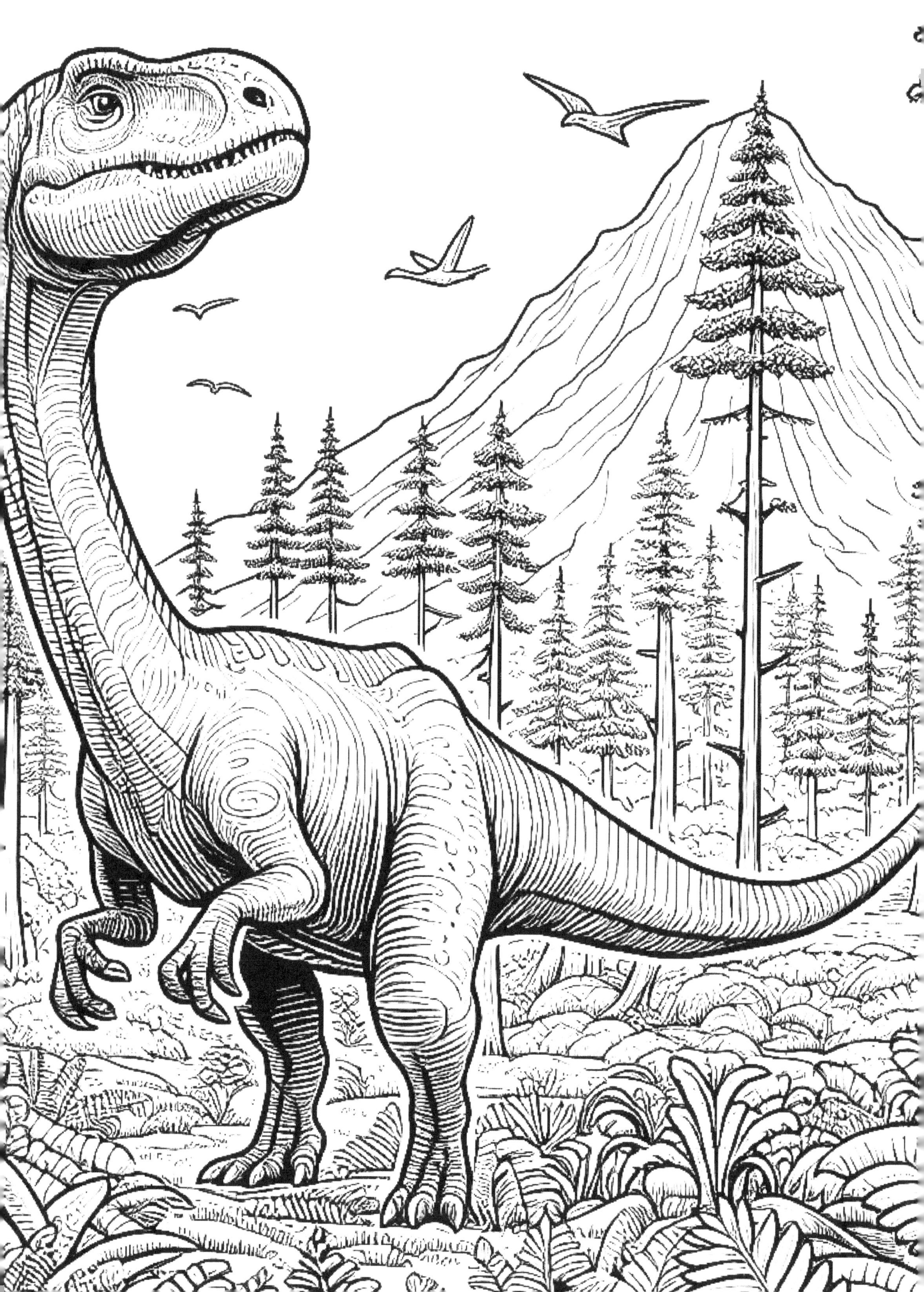

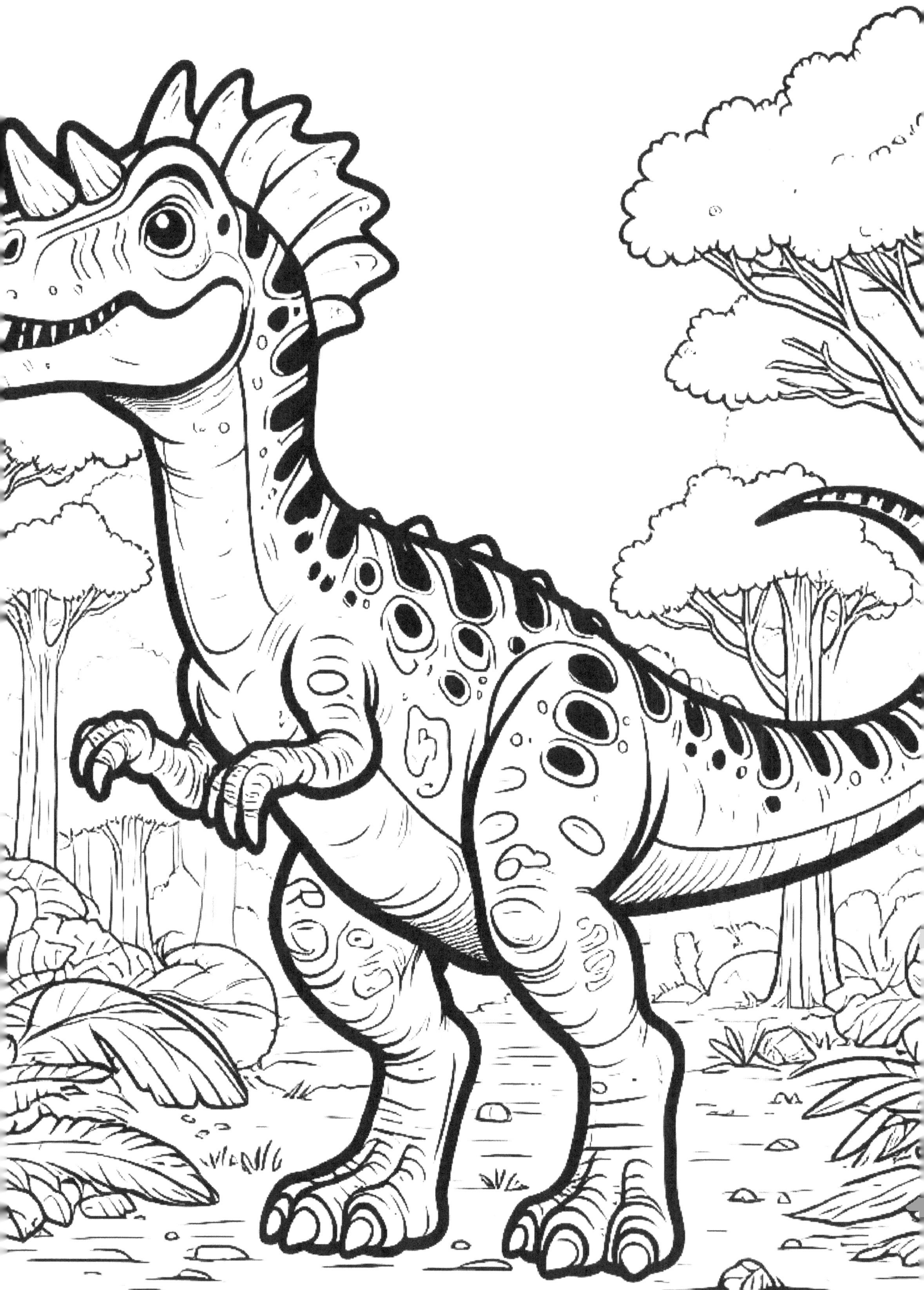

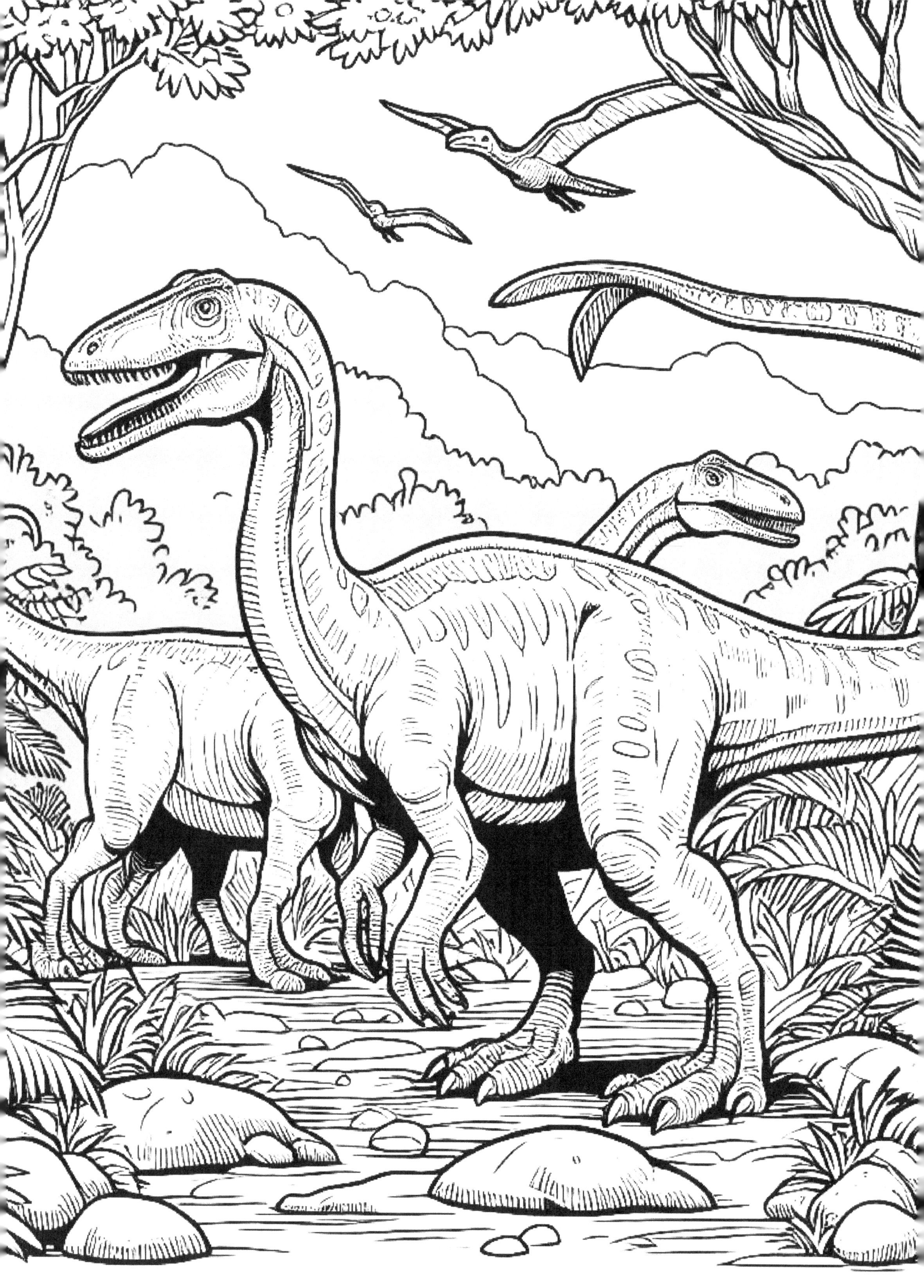

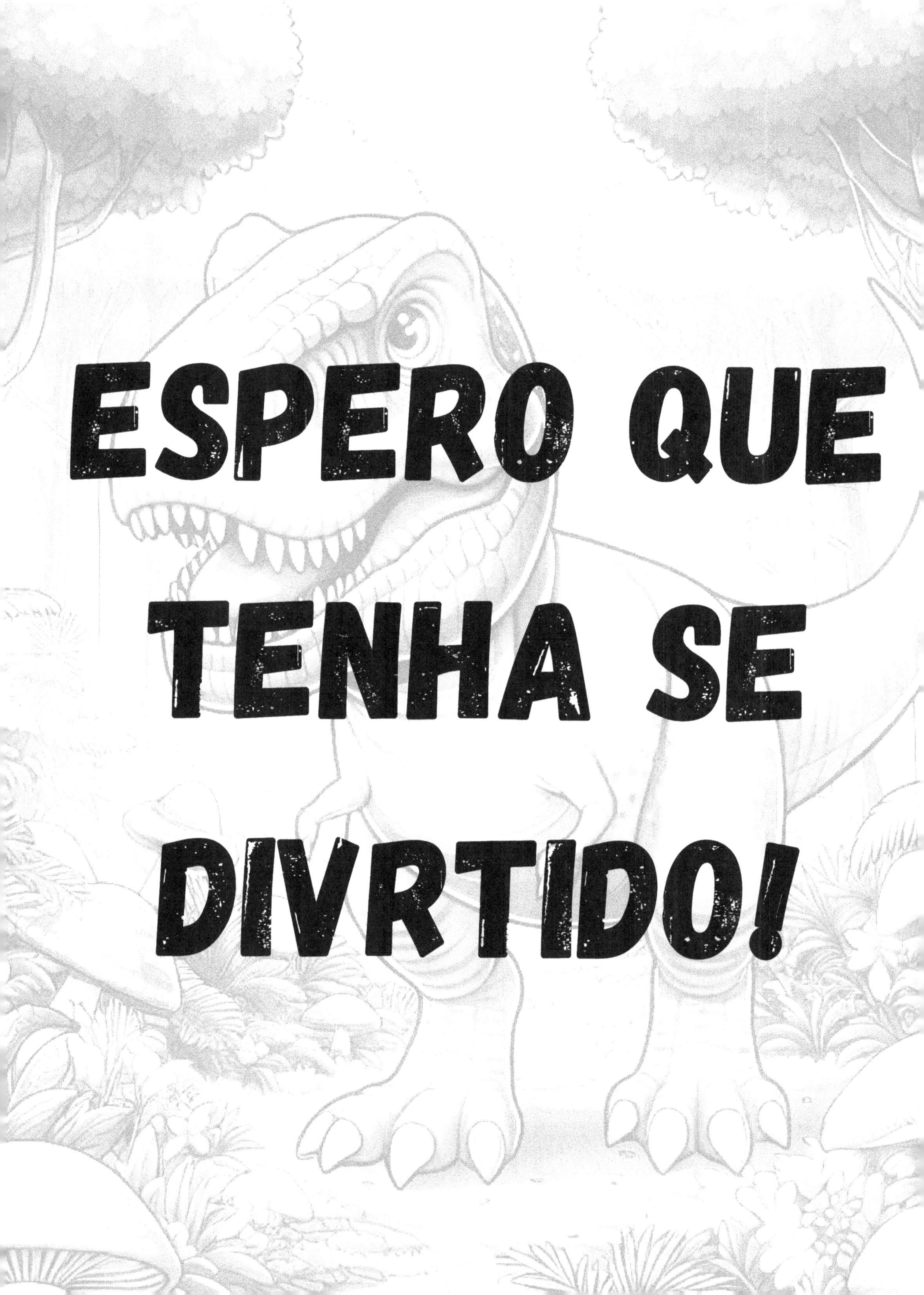

ESPERO QUE TENHA SE DIVRTIDO!